AS SEIS DISCIPLINAS DO PENSAMENTO ESTRATÉGICO

Michael D. Watkins

As seis disciplinas do pensamento estratégico
Um guia para a liderança do futuro

TRADUÇÃO
Renato Marques

Copyright © 2024 by Michael D. Watkins
Copyright das ilustrações © by Matt Lloyd

*Grafia atualizada segundo o Acordo Ortográfico da Língua Portuguesa de 1990,
que entrou em vigor no Brasil em 2009.*

Título original
The Six Disciplines of Strategic Thinking: Leading your Organization into the Future

Capa
Estúdio Insólito

Preparação
Diogo Henriques

Índice remissivo
Probo Poletti

Revisão
Marina Bernard
Luíza Côrtes

Dados Internacionais de Catalogação na Publicação (CIP)
(Câmara Brasileira do Livro, SP, Brasil)

Watkins, Michael D.
  As seis disciplinas do pensamento estratégico : Um guia para
a liderança do futuro / Michael D. Watkins ; tradução Renato
Marques. — 1ª ed. — Rio de Janeiro : Objetiva, 2024.

  Título original : The Six Disciplines of Strategic Thinking :
Leading your Organization into the Future.
  ISBN 978-85-390-0824-7

  1. Administração 2. Liderança 3. Planejamento estratégico.
I. Título.

24-203590   CDD-658.802

Índice para catálogo sistemático:
1. Planejamento estratégico : Administração   658.802

Tábata Alves da Silva – Bibliotecária – CRB-8/9253

Todos os direitos desta edição reservados à
EDITORA SCHWARCZ S.A.
Praça Floriano, 19, sala 3001 — Cinelândia
20031-050 — Rio de Janeiro — RJ
Telefone: (21) 3993-7510
www.companhiadasletras.com.br
www.blogdacompanhia.com.br
facebook.com/editoraobjetiva
instagram.com/editora_objetiva
x.com/edobjetiva

Para Katia, o amor da minha vida.

Sumário

Prefácio 9

Introdução: O poder do pensamento estratégico 11

1. A disciplina do reconhecimento de padrões 27

2. A disciplina da análise de sistemas 42

3. A disciplina da agilidade mental 64

4. A disciplina da resolução estruturada de problemas 79

5. A disciplina do visionarismo 100

6. A disciplina da astúcia política 115

Conclusão: Desenvolvendo sua capacidade de pensamento estratégico 135

Agradecimentos 145

Notas 149

Índice remissivo 157

Prefácio

Há muito tempo o pensamento estratégico tem sido um fator essencial para líderes de empresas, governos e outras organizações. A capacidade de antecipar e planejar o futuro, de pensar de forma crítica e criativa sobre problemas complexos e de tomar decisões eficazes diante da incerteza e das mudanças é crucial no mundo em rápida evolução no qual vivemos hoje.

Os recentes avanços tecnológicos, a globalização e a instabilidade político-econômica apenas intensificaram a necessidade de desenvolver o pensamento estratégico. O ritmo acelerado das mudanças tecnológicas desestruturou os modelos de negócios tradicionais e criou novas oportunidades para aqueles que conseguem pensar estrategicamente. O mundo se tornou interconectado e interdependente, o que exige que os líderes encarem de forma mais ampla e global seus mercados e operações. Além disso, como a instabilidade político-econômica criou um ambiente mais instável e volátil, ficou cada vez mais difícil prever e planejar o futuro.

Nesse contexto, o pensamento estratégico tornou-se mais importante do que nunca. Os líderes capazes de raciocinar em moldes estarão mais bem posicionados para se antecipar aos desafios, responder a eles e tirar o máximo proveito das oportunidades que se apresentarem. Este livro fornece um guia abrangente e prático, trazendo uma ampla variedade de reflexões e ferramentas para gestores em todos os níveis.

Embora os fundamentos do pensamento estratégico permaneçam os mesmos em sua essência, a evolução da inteligência artificial (IA) revolucionará a forma como os líderes participarão do mundo dos negócios. Graças à capacidade de processar grandes quantidades de dados, identificar padrões e fazer previsões, a IA os ajudará com novos insights e perspectivas até então indisponíveis. Isso permitirá que se tomem decisões mais acertadas e antecipe e planeje o que está por vir de forma mais eficaz. São vastas as consequências para a próxima geração de consultores de assessoria estratégica.

No futuro, as combinações entre a atuação dos melhores líderes e os sistemas de apoio estratégico baseados em inteligência artificial assumirão o caráter de relações simbióticas, em que os humanos e os sistemas de IA trabalharão em conjunto para aprimorar os processos de tomada de decisões, resolução de problemas e desenvolvimento de estratégias. Os sistemas de IA fornecerão em tempo real conjuntos de dados, análises e insights que os líderes poderão usar para tomar melhores decisões e criar melhores estratégias. Esses sistemas são capazes de analisar grandes quantidades de dados, detectar padrões e tendências e fazer previsões, ajudando os gestores a identificar e mitigar riscos. Essas tecnologias podem ainda simular diferentes cenários e proporcionar um sem-número de opções e recomendações.

Em meio a essas relações simbióticas, os líderes formularão as perguntas certas e interpretarão as análises e recomendações fornecidas pelos sistemas. Como sempre, contribuirão com contexto e criatividade. De maneira decisiva, recorrerão à inteligência emocional e à astúcia política para adaptar e implementar os resultados.

No entanto, à medida que a utilização da IA se dissemina, torna-se cada vez mais importante que os principais líderes empresariais desenvolvam novas competências para aproveitar esses sistemas. Isso inclui compreender a tecnologia e os dados que ela gera, cultivar a habilidade de interpretar e analisar os insights que ela fornece e a capacidade de tomar decisões com base nessas análises. Além do mais, é importante que os líderes compreendam as consequências éticas e sociais dos sistemas de inteligência artificial que utilizam.

Portanto, ao ler este livro, tenha em mente que as seis disciplinas do pensamento estratégico aqui descritas continuarão a ser essenciais e talvez tornem-se ainda mais importantes. Ao mesmo tempo, ao avançar nos capítulos, imagine de que maneira você aplicará as ideias e ferramentas se estiver trabalhando com um sistema de IA adaptado à sua empresa e otimizado para trabalhar com você de forma eficaz.

Introdução
O poder do pensamento estratégico

Em 2016, quando se tornou CEO do Carolinas HealthCare System (CHS), Gene Woods assumiu o comando de uma conceituada rede de assistência médica sem fins lucrativos sediada na Carolina do Norte com uma receita anual de 8 bilhões de dólares e 60 mil funcionários. Executivo experiente com um histórico de sucesso, Woods herdou uma organização sólida com boas margens de lucro, um balanço patrimonial com classificação AA,* corpo médico extremamente capacitado e uma equipe administrativa permanente de longa data. À primeira vista, era um cenário de sucesso sustentável, mas no horizonte pairavam nuvens tempestuosas.

A saúde nos Estados Unidos estava passando por mudanças sísmicas. As despesas ultrapassavam rapidamente as receitas até mesmo nas empresas mais bem-sucedidas do setor. A turbulência política vinha gerando incertezas em relação às normas regulatórias, e empresas de capital privado financiavam muitos novos concorrentes determinados a desestruturar o mercado. Antecipando dificuldades, o conselho de administração do CHS contratou Woods para preparar a entidade para o futuro. "Herdei uma organização que, sob as regras antigas, obteve enorme sucesso", disse Woods, a quem entrevistei

---

* Para as mais importantes agências classificadoras de risco de crédito do mundo, a classificação AA representa altíssima qualidade de crédito e confiança para honrar compromissos financeiros a longo prazo. (N. T.)

exaustivamente durante a elaboração deste livro. "Contudo, onde outros viam sucesso, eu vi uma vulnerabilidade tremenda."

A indústria da assistência médica nos Estados Unidos também vivia uma rápida consolidação, tendência que, no entendimento de Woods, continuaria. Ele acreditava que, embora não estivesse em perigo imediato, o CHS não poderia permanecer viável por muito tempo com o modelo de negócios então vigente. Quando Woods assumiu o comando, a organização tinha contratos de gestão firmados com outras empresas de assistência médica. O CHS administrava essas empresas mediante o pagamento de uma taxa, mas a integração era mínima e frágil. Woods julgou que relações desse tipo estavam perdendo relevância sob o risco de se tornarem obsoletas, uma vez que não cultivavam o compartilhamento de melhores práticas e tampouco criavam economias de escala. A seu ver, o modelo de negócios do CHS deveria tornar-se significativamente mais integrado de modo a conseguir fazer frente aos desafios previstos.

O CHS estava em um momento crucial. "Antevi que em breve teríamos de fazer escolhas difíceis quanto à viabilidade de manter esses relacionamentos vagos", explicou Woods. "Além disso, embora nossa atividade principal fosse robusta e estivesse em um mercado em crescimento, previ que, em meio a um rápido processo de consolidação, dentro de alguns anos nos veríamos rodeados por outros sistemas de grande porte, ávidos para competir por nossos negócios. Precisávamos assumir o protagonismo de impulsionar a consolidação na região. Se não conduzíssemos, acabaríamos sendo conduzidos."

Esse insight catalisou o desenvolvimento do que Woods chamou de "estratégia de rede da próxima geração". Tratava-se de seu ideal de uma rede regional de sistemas fortemente integrada, com missões e culturas alinhadas, capaz de competir com os concorrentes por meio do compartilhamento de melhores práticas, alavancando capacidades complementares e colhendo os frutos dos benefícios de escala.

A fim de estabelecer os alicerces para a concretização de sua visão de futuro, Woods engendrou relacionamentos com outros CEOs de empresas de assistência médica e líderes comunitários e governamentais de toda a região. Ao mesmo tempo, lançou uma iniciativa de transformação dentro do próprio CHS de modo a desenvolver um novo modelo de parceria — e uma cultura mais adaptativa que lhe desse sustentação.

"Historicamente éramos conhecidos por um enfoque de cima para baixo, do tipo 'Nós gerenciamos vocês, então façam o que estamos dizendo'", afirmou Woods. "Eu sabia que isso não nos levaria aonde precisávamos ir. Tínhamos que evoluir do ponto de vista cultural para dar respaldo ao novo modelo de parceria."

Avancemos cinco anos até o final de 2021: o CHS (agora Atrium Health) havia se convertido em uma importante empresa de assistência médica com operações na Carolina do Norte, Carolina do Sul, Geórgia e Virgínia. Ao unir forças com três outras instituições, a Atrium Health aumentou sua receita anual para 12 bilhões de dólares e incorporou 17 mil funcionários, elevando sua mão de obra para um total de 77 mil pessoas. Era uma organização transformada, preparada para um crescimento adicional, sob a batuta de uma nova equipe de liderança imbuída de uma cultura inclusiva e de alto desempenho. A união de forças com o Wake Forest Baptist Health, renomado sistema médico acadêmico, complementou a excelência clínica da Atrium Health com capacidade de pesquisa de primeiríssimo nível. A organização estava bem posicionada para ser reconhecida como referência nacional e liderar o desenvolvimento de novos modelos de assistência médica. No entanto, a ideia de parar por aí não agradava Woods.

Em maio de 2022, ele e Jim Skogsbergh, CEO da Advocate Aurora Health, uma enorme entidade sem fins lucrativos atuante nos estados de Wisconsin e Illinois, surpreenderam o setor de saúde dos Estados Unidos ao anunciar seu projeto de fusão.[1] Aprovada no final de 2022 pelas autoridades reguladoras federais e estaduais, essa integração deu origem à Advocate Health, a quinta maior rede de assistência médica sem fins lucrativos do país, com 158 mil funcionários, receita de 27 bilhões de dólares, 67 hospitais e mais de mil endereços oferecendo serviços clínicos. Woods e Skogsbergh se tornaram coCEOs da nova entidade — Skogsbergh anunciou a intenção de se aposentar após dezoito meses, momento a partir do qual Woods passaria a ser o único CEO.

Como principal arquiteto dessa extraordinária jornada na qual uma empresa de assistência médica local de dimensões modestas foi alçada à condição de potência nacional, Woods personifica o poder do pensamento estratégico. Se você tem pretensões de liderar empresas, então deve, à maneira de Woods, ser um pensador estratégico. É possível chegar longe na hierarquia das organizações sendo um operador brilhante, mas, sem pensamento estratégico, você nunca alcançará o topo. Por quê? Porque as empresas que não são lideradas por pensadores estratégicos ficam para trás, dominadas por aquelas que são — ou acabam sendo adquiridas, ou definham e morrem. As diretorias e conselhos de administração selecionam pessoas com forte habilidade de pensamento estratégico para traçar suas rotas de navegação em meio a águas atulhadas de rochedos, baixios e escolhos. Hoje em dia, todas as empresas buscam se esquivar desses obstáculos.

Em 2013, o Management Research Group entrevistou 60 mil gerentes e executivos em 140 países em 26 diferentes setores de atividade. Os resultados revelaram que os entrevistados com competências sólidas de pensamento estratégico (definidas como análise crítica, pensamento futuro e planejamento) eram seis vezes mais propensos a serem vistos pelos colegas como líderes eficazes. Também eram quatro vezes maiores as chances de serem percebidos como pessoas de forte potencial de crescimento nas organizações.[2] Uma pesquisa mais recente da especialista em liderança Zenger Folkman — publicada em 2021, mas realizada alguns anos antes — corrobora essa avaliação. Em três estudos separados, a Zenger Folkman encontrou fortes correlações entre um profissional apresentar uma "perspectiva estratégica" e ser promovido a níveis hierárquicos superiores.[3]

Em resumo: o pensamento estratégico é o caminho mais rápido para o topo. Se hoje você não se considera um pensador estratégico forte o bastante, a boa notícia é que pode aprender a se tornar um. Líderes como Woods têm um inquestionável talento natural, mas também trabalharam arduamente para desenvolver a capacidade de liderar organizações rumo ao futuro. Neste livro, vou mostrar o caminho das pedras e ajudá-lo a avaliar sua capacidade inata de pensar de forma estratégica — e como aprender a ampliá-la por meio de experiências e treinamento.

O QUE É PENSAMENTO ESTRATÉGICO?

Rios de tinta já foram gastos na tentativa de definir o "pensamento estratégico", mas uma boa descrição ainda nos escapa. Quando pedi a mais de cinquenta executivos em altos cargos, líderes de recursos humanos e profissionais de aprendizagem e desenvolvimento que o definissem, as respostas iniciais resumiram-se a: "Eu sei reconhecer quando vejo". Todos admitiram que o pensamento estratégico é uma aptidão marcante e decisiva dos líderes de alto escalão; a partir daí, as coisas ficavam confusas. Para alguns, o pensamento estratégico é a capacidade de absorver uma série de informações e distinguir quais delas são ou não importantes. Para outros, diz respeito a ser bom em pensar em movimentos e contra-ataques. Para outros ainda, trata-se de imaginar o futuro. Aqui e ali surgiram temas em comum, é claro, mas nenhuma definição abrangente.

A ausência de uma boa definição torna difícil avaliar e desenvolver a capacidade de pensamento estratégico. Só podemos conceber enfoques promissores para analisar e reforçar o pensamento estratégico isolando os blocos de construção específicos dessa habilidade.

A boa notícia é que, quando investiguei mais a fundo as entrevistas com líderes empresariais, vieram à tona temas em comum. Destilando esses insights, formulei a seguinte definição:

O pensamento estratégico é o conjunto de disciplinas mentais a que os líderes recorrem para identificar potenciais ameaças e oportunidades, estabelecer prioridades e mobilizar esforços no sentido de vislumbrar e implementar caminhos promissores.

Resumindo: pensar em termos estratégicos significa olhar além do momento presente e refletir de forma crítica e criativa sobre os muitos futuros potenciais. Com base na sua análise dos riscos e oportunidades de cada cenário imaginado, é possível desenvolver estratégias promissoras para levar sua organização adiante.

O caminho para ser reconhecido como um pensador estratégico exige mais do que habilidade; requer *oportunidade*. Uma pessoa pode até ter um excelente potencial de pensamento estratégico e ainda assim jamais obter reconhecimento se a função que ela exerce não lhe der a chance de brilhar. Há organizações nas quais altos cargos não exigem grande dose de pensamento estratégico; basta contar com boa capacidade analítica, de resolução de problemas e de execução. Assegurar uma função que permita à pessoa demonstrar suas habilidades de pensamento estratégico é quase sempre algo intensamente político. Os estrategistas tendem a ser muito bons em ensejar oportunidades para ser estratégicos. Contudo, os riscos são muito elevados para que a identificação e o desenvolvimento de pensadores estratégicos dependam tanto do acaso e da política.

> Reflexão: Ao longo deste livro, você encontrará sugestões semelhantes a essa. São convites para que faça uma pausa na leitura e reflita sobre as questões decisivas. Ao ler minha definição de pensamento estratégico, como ela se relaciona com suas próprias habilidades, e de que maneira você poderia desenvolvê-las ainda mais?

PENSAMENTO ESTRATÉGICO VERSUS PENSAMENTO CRÍTICO

O pensamento crítico é um componente necessário e uma habilidade fundamental para o pensamento estratégico, mas não é suficiente por si só. O pensamento crítico é a capacidade de avaliar informações e argumentos de forma lógica e sistemática. Envolve reunir e examinar fatos, reconhecer suposições e vieses e analisar os pontos fortes e fracos dos argumentos. Como discutirei ao longo deste livro, o pensamento estratégico inclui também prognóstico, criatividade, visão, definição e cumprimento de metas. Além de pensar de maneira crítica, os pensadores estratégicos são capazes de antecipar e planejar o futuro, ponderar de forma inovadora sobre problemas complexos e tomar decisões eficazes diante da incerteza e da mudança.

PENSAMENTO ESTRATÉGICO VERSUS PENSAMENTO CRIATIVO

O pensamento criativo é a capacidade de gerar ideias novas. Envolve pensar fora da caixa, além do óbvio e do senso comum, questionar suposições e contestar o status quo. O pensamento criativo é um elemento importante do pensamento estratégico porque permite aos líderes gerar novas ideias e perspectivas que dão consistência às suas decisões estratégicas. No ambiente de negócios atual, sempre em rápida mudança, pensar de forma criativa é cada vez mais importante para que os líderes se mantenham à frente da curva. Em *Confiança criativa*, Tom e David Kelley mostram que qualquer pessoa pode aprender a ser mais inovadora e apresentam formas concretas de fazer isso.[4] Ao desenvolver a capacidade de pensar de maneira criativa, como parte de um esforço mais amplo para desenvolver sua capacidade de pensamento estratégico, é possível antecipar as tendências futuras e elaborar maneiras inovadoras de capitalizá-las.

PENSAMENTO ESTRATÉGICO VERSUS *DESIGN THINKING*

O pensamento estratégico e o *design thinking* são, ambos, metodologias para a resolução de problemas, mas diferem em aspectos importantes. O pensamento estratégico abrange a análise da situação e do ambiente atual de uma organização, identificando dificuldades e oportunidades e desenvolvendo um plano de ação para atingir seus objetivos. Já o *design thinking* é um processo criativo de compreensão das necessidades dos clientes e de desenvolvimento de soluções para atender a essas necessidades. Conforme resume Nigel Cross, o *design thinking* abrange etapas como empatia com os usuários, definição de problemas, geração de ideias, prototipagem e teste de soluções.[5] Embora os focos do pensamento estratégico sejam o cumprimento de metas organizacionais de longo prazo e a tomada eficaz de decisões, o *design thinking* tem como alvo a criação de soluções inovadoras para encantar os clientes.

PENSAMENTO ESTRATÉGICO E PERCEPÇÃO DO CONTEXTO

Por fim, para ser um pensador estratégico brilhante você deve compreender profundamente o contexto em que atua. Isso significa ter um conhecimento minucioso do ambiente interno da organização — aspectos como cultura, estrutura e recursos. Essa clareza lhe permitirá avaliar os pontos fortes e fracos da empresa e desenvolver estratégias alinhadas às capacidades dela. Também é necessário compreender o ambiente externo, incluindo os fatores econômicos, políticos, sociais e tecnológicos que impactam seu negócio. Isso o ajudará a antecipar e a se planejar para as mudanças, e a identificar novas oportunidades de crescimento.

Além disso, é preciso ter uma profunda percepção das expectativas e necessidades de uma ampla gama de partes interessadas, como clientes, acionistas, fornecedores, funcionários e órgãos reguladores. Esse conhecimento permite antecipar e planejar as necessidades de todos os envolvidos e desenvolver estratégias alinhadas às expectativas de cada um.

Compreender o contexto do seu negócio permite antecipar e planejar o futuro de forma mais eficaz, identificar oportunidades de crescimento e desenvolver estratégias adequadas ao contexto específico em que sua organização atua. Assim, você deve investir na captação e síntese de informações sobre sua organização e o ambiente externo mais amplo em que ela atua.

POR QUE O PENSAMENTO ESTRATÉGICO É TÃO VALIOSO?

Não haveria a necessidade de pensamento estratégico se o mundo dos negócios fosse benevolente, estável e previsível. Mas ele, claro, não é nenhuma dessas coisas. É cada vez mais competitivo, e as apostas são altas. Determinar as estratégias certas para criar ou conservar o sucesso é um desafio tremendo, e cabe aos líderes comandar suas organizações em águas cada vez mais turbulentas. A combinação de riscos elevados e ambientes hostis é o que torna o pensamento estratégico tão valioso.

Para avaliar isso, é útil compreender a natureza das dificuldades de processamento mental enfrentadas por líderes como Gene Woods, da Atrium Health. Em termos mais específicos, eles enfrentam quatro dimensões de obstáculos: volatilidade, incerteza, complexidade e ambiguidade (VUCA, no acrônimo em inglês, termo que remonta ao trabalho de Warren G. Bennis e Burt Nanus de meados da década de 1980 e subsequentemente adotado pelo Exército dos Estados Unidos, e depois, de forma mais ampla, em obras sobre liderança).[6]

Embora o termo VUCA soe bem e seja fácil de memorizar, a meu ver a ordem das palavras deveria ser invertida, com a complexidade em primeiro lugar (dando origem ao acrônimo CUVA). Complexidade, incerteza, volatilidade e ambiguidade são pilares que estão inter-relacionados, e construir uma dimensão ajuda a entender e lidar com as outras. A complexidade está no centro das dificuldades enfrentadas pela maioria dos líderes. Ao compreender a complexidade da sua organização e do ambiente de negócios, você poderá antever e entender as principais incertezas, o que o ajudará a responder à volatilidade e lidar com a ambiguidade.

- *Complexidade* significa que o domínio de interesse (por exemplo, o desenvolvimento de novos produtos) apresenta muitas variáveis interligadas que dificultam sua compreensão, levando-se em conta que nossa condição de seres humanos nos impõe capacidades cognitivas limitadas. Uma organização com dezenas de milhares de funcionários que todo dia prestam cuidados de saúde a milhares de pacientes em centenas de instalações, utilizando diversas tecnologias e dezenas de processos, tem um nível inerentemente elevado de complexidade. Assim, para os líderes, torna-se uma empreitada das mais laboriosas construir e manter bons "modelos mentais" de suas organizações e fazer previsões robustas e confiáveis sobre o que acontecerá se algo mudar. *Os pensadores estratégicos são hábeis em lidar com as complexidades porque entendem os mecanismos de funcionamento dos sistemas e concentram suas atenções naquilo que de fato importa.*
- *Incerteza* significa lidar com situações nas quais há um nítido conjunto de resultados potenciais, mas não é possível prever com perfeição o evento específico que ocorrerá. Isso acontece independentemente de quanto esforço é investido na coleta de informações, e muitas vezes porque uma série de pequenos fatores pode influenciar o resultado. No caso da assistência médica nos Estados Unidos, as regulamentações governamentais, que moldam fortemente a indústria, podem evoluir de forma muito diferente, a depender dos resultados das eleições nacionais e estaduais. *Os pensadores estratégicos isolam as incertezas mais importantes, ponderam sobre as probabilidades e examinam em detalhe as consequências de cenários hipotéticos plausíveis.*
- *Volatilidade* significa que coisas importantes — por exemplo, o preço do petróleo — podem se alterar num piscar de olhos. Por causa disso, fica difícil acompanhar o que está acontecendo e se adaptar às mudanças. No exemplo da assistência médica, é possível que surjam novos e inesperados concorrentes nos negócios mais rentáveis, tornando obsoletos os modelos de negócios que já existem. O ritmo intensivo da inovação tecnológica nos desafia a saber quando e como nos adaptar. *Os pensadores estratégicos percebem e respondem depressa às ameaças e oportunidades emergentes.*
- *Ambiguidade* significa que existem diversos pontos de vista acerca dos problemas nos quais a organização deve se concentrar. Também pode

haver perspectivas divergentes sobre o potencial de diferentes soluções. Como resultado, as partes interessadas têm opiniões discordantes sobre o que é "certo". Os sistemas hospitalares dos Estados Unidos, por exemplo, enfrentam uma intensa pressão para reduzir custos, melhorar a viabilidade financeira e aprimorar o acesso à assistência médica. Do ponto de vista do paciente, cuidados mais acessíveis são uma coisa boa. Do ponto de vista dos administradores hospitalares, de quem se espera que façam mais com menos, isso poderia forçar penosos conflitos de escolha. *Os pensadores estratégicos negociam entre diferentes interesses e perspectivas para criar quadros compartilhados de problemas e acordos.*

Hoje o ambiente CUVA exerce impacto sobre todos os negócios, o que dificulta bastante a tarefa dos líderes na hora de traçar os melhores caminhos a serem percorridos. A intensidade dessas dificuldades aumenta na mesma medida das mudanças tecnológicas, sociais e ambientais. Com isso, o valor do pensamento estratégico está crescendo.

> Reflexão: Até que ponto você e sua organização vêm enfrentando dificuldades ocasionadas pela complexidade, incerteza, volatilidade e ambiguidade? Qual das dimensões CUVA está criando os maiores empecilhos?

O QUE O PENSAMENTO ESTRATÉGICO NÃO É

Uma boa definição prática de pensamento estratégico também nos ajuda a esclarecer o que o pensamento estratégico *não* é. Há uma tendência a concentrar as atenções na parte estratégica em vez de enfocar a parte do pensamento.

Não se trata de uma análise competitiva. Isso significa pegar uma estrutura para analisar a concorrência em um setor de atividade — por exemplo, o modelo das cinco forças* de Michael Porter —[7] e aplicá-la ao contexto da organização a

---

* Esse modelo para a análise da competição entre empresas leva em conta cinco fatores — as forças competitivas —, que variam de acordo com o cenário no qual a empresa está inserida: rivalidade entre os concorrentes; poder de negociação dos clientes; poder de barganha dos fornecedores; ameaça de entrada de novos concorrentes; ameaça de produtos substitutos. (N. T.)

fim de obter indicadores sobre o que é importante e sobre o que fazer. *A análise competitiva costuma ser uma contribuição essencial para o pensamento estratégico.*

Não se trata de planejamento estratégico. Esse é o processo que as organizações utilizam para definir suas estratégias, incluindo escolhas sobre o que fazer e o que não fazer, destinar recursos a determinadas atividades e elaborar critérios para tomar decisões coerentes com a estratégia. *O pensamento estratégico pode ser uma poderosa ferramenta para moldar o planejamento estratégico e lhe dar consistência.*

Embora a análise competitiva e o planejamento estratégico sejam atividades valiosas (e são inúmeros os livros, artigos e treinamentos a respeito), o pensamento estratégico é diferente. A análise e o planejamento competitivo são dedutivos e analíticos; o pensamento estratégico é indutivo e tem mais a ver com síntese. Além disso, se a análise competitiva e o planejamento estratégico são tipicamente processos organizacionais coletivos, o pensamento estratégico tem mais relações com o envolvimento do líder nos modos corretos de processamento mental que resultam em estratégias promissoras e ideias prontas para serem postas em prática.

OS GRANDES PENSADORES ESTRATÉGICOS NASCEM PRONTOS OU SÃO FORMADOS?

Assim como acontece com a maioria das capacidades humanas excepcionais, a resposta é "as duas coisas". Um elemento de habilidade inata — o *dom* ou *talento* da pessoa — possivelmente limitará seu potencial para ser um pensador estratégico. Contudo, como já mencionamos, o pensamento estratégico eficaz é mais do que habilidade analítica em estado bruto. Inteligência emocional, criatividade e capacidade de colaborar e se comunicar de forma eficiente também desempenham um papel decisivo. Líderes empresariais que compreendem e gerenciam as próprias emoções e as das outras pessoas, que pensam em termos criativos, geram novas ideias, se comunicam com eficiência e trabalham em cooperação com os outros têm maior chance de serem pensadores estratégicos mais competentes.

A despeito do seu dom inato, porém, as experiências certas e o treinamento certo podem ajudá-lo a desenvolver esse potencial. É como uma pessoa que decide se tornar maratonista. Talvez sua genética — maior capacidade pulmonar e porcentagem maior de fibras musculares de contração lenta — facilite a concretização dessa intenção,[8] mas, se ela não correr *muito* e não se dedicar aos treinos, utilizando as técnicas adequadas, perderá para competidores com menos potencial inerente, porém maior disciplina.

Talvez você esteja entre os poucos afortunados que nasceram para ser pensadores estratégicos. Talvez você tenha vindo ao mundo com a capacidade analítica natural, a inteligência emocional e o potencial criativo necessários para se tornar um líder brilhante. Muito provavelmente, porém, não é esse o caso. De todo modo, anime-se, porque o pensamento estratégico pode ser cultivado. Embora a habilidade inerente ajude, todos podem aprimorá-la. Basta saber como desenvolver a si mesmo e se comprometer a realizar o trabalho de forma disciplinada.

A equação a seguir define sua capacidade de pensamento estratégico (CPE):

CPE = dom + experiência + exercício

Seu *dom* é sua habilidade natural, que decorre da sua genética e educação. A *experiência* vem do seu envolvimento em situações que desenvolvem sua capacidade de pensamento estratégico. O *exercício* é o trabalho mental que você faz para construir os músculos do pensamento estratégico.

Muitos líderes sentem dificuldades com a parte da *experiência* porque não têm chance de demonstrar e desenvolver seu potencial. Isso significa que você deve buscar ativamente novos desafios e responsabilidades, o que inclui assumir novos projetos, liderar equipes multifuncionais e avaliar oportunidades para novas funções que exijam um pensamento mais estratégico. Ao encarar novos desafios, você será exposto a experiências novas e diversas, que irão ajudá-lo a ampliar sua perspectiva e fomentar suas habilidades estratégicas.

No que diz respeito ao elemento *exercício*, ao longo deste livro ofereço sugestões sobre como fortalecer sua capacidade de pensamento estratégico e, no final de cada capítulo, apresento uma síntese desses conselhos.

QUAL É O PAPEL DA PERSONALIDADE?

O pensamento estratégico está enraizado nas capacidades cognitivas e emocionais, mas a personalidade também desempenha um papel relevante. Sendo mais específico, quem almeja ser um excelente pensador estratégico precisa cumprir três pré-requisitos de personalidade essenciais. O primeiro é a abertura a novas experiências: os grandes pensadores estratégicos adaptam-se às circunstâncias e integram novas informações a suas avaliações. O segundo é a confiança inabalável de ser capaz de antecipar e moldar de forma proativa o futuro para si e para a organização, em vez de apenas reagir aos acontecimentos à medida que vão se desenrolando. O terceiro é a impetuosa vontade de vencer. A ambição é uma qualidade necessária aos melhores pensadores estratégicos.

AS SEIS DISCIPLINAS DO PENSAMENTO ESTRATÉGICO

Este livro está embasado na minha convicção, corroborada por pesquisas e experiência prática, de que qualquer pessoa pode desenvolver sua capacidade de pensamento estratégico. Contanto que tenha a exposição adequada e faça os exercícios certos, ela aumentará substancialmente sua habilidade de pensar de maneira estratégica, o que a ajudará a chegar ao topo e conduzir sua organização rumo ao futuro.

Nos capítulos a seguir, examinarei a fundo seis disciplinas mentais que constituem o pensamento estratégico. Elas permitirão que você, leitor, reconheça as dificuldades e oportunidades que surgirem pelo caminho, priorizando o que de fato importa e mobilizando sua organização para responder de forma proativa.

As três primeiras disciplinas estão na base da sua capacidade de *reconhecer e priorizar* os desafios e oportunidades que sua organização enfrenta:

Disciplina 1: Reconhecimento de padrões. A capacidade de observar ambientes de negócio complexos, incertos, voláteis e ambíguos (CUVA), compreender rapidamente o que é ou não essencial e identificar ameaças e oportunidades decisivas.

Disciplina 2: Análise de sistemas. A capacidade de converter situações complexas em sistemas por meio de modelos mentais e tirar proveito desses modelos simulados para reconhecer padrões, fazer previsões e desenvolver estratégias promissoras.

Disciplina 3: Agilidade mental. A capacidade de examinar cuidadosamente as dificuldades dos negócios empregando diferentes níveis de análise e de antecipar as ações e reações de outras partes interessadas à medida que buscam alcançar os próprios objetivos.

As outras três disciplinas aprimoram a capacidade de *mobilizar* sua organização para lidar de forma eficaz com as dificuldades e oportunidades:

Disciplina 4: Resolução estruturada de problemas. A capacidade de direcionar a organização para enquadrar problemas, desenvolver soluções criativas e fazer escolhas difíceis da maneira mais eficaz.

Disciplina 5: Visionarismo. A capacidade de imaginar futuros potenciais ambiciosos e exequíveis e motivar sua organização a concretizá-los.

Disciplina 6: Astúcia política. O entendimento de como funciona a influência nas organizações e a capacidade de tirar proveito disso para formar alianças com as principais partes interessadas.

Nas páginas a seguir, analiso em detalhes cada uma dessas seis disciplinas, esmiuçando o que elas são e de que maneira você pode aprimorá-las. No final do livro, meus conselhos são refinados em exercícios que o ajudarão a se tornar um pensador estratégico poderoso.

A IA E O FUTURO DO PENSAMENTO ESTRATÉGICO

Por fim, a evolução da inteligência artificial continuará a aumentar e a amplificar a capacidade humana de pensar estrategicamente. Os sistemas de aprendizagem de máquina treinados em amplas bases de conhecimento de negócios — de âmbito geral e especializado — e acessados por interfaces conversacionais estão revolucionando a forma como os líderes se envolvem no processo de pensamento estratégico. Graças à sua capacidade de processar grandes volumes de dados, identificar padrões e fazer previsões, a IA ajuda os líderes a acessar ideias e novas perspectivas que antes não estavam disponíveis.

Os líderes vêm estabelecendo relações simbióticas com sistemas baseados em IA para aperfeiçoar a tomada de decisões, a resolução de problemas e o desenvolvimento estratégico. Esses sistemas fornecem dados, análises e insights em tempo real, além de simular diferentes cenários, disponibilizar opções variadas e sugerir recomendações.

Felizmente, ao menos por enquanto, as seis disciplinas do pensamento estratégico continuam a ser importantes competências a serem desenvolvidas pelos líderes empresariais (como você!). Em meio a essas relações simbióticas entre seres humanos e inteligência artificial, os líderes continuarão a aplicá-las para fazer as perguntas certas e interpretar as ideias e recomendações propiciadas pelas plataformas. De maneira decisiva, você fornecerá contexto, contribuirá com criatividade, aplicará inteligência emocional e astúcia política para adaptar e obter os resultados.

PARA SABER MAIS

Confiança criativa: Libere sua criatividade e implemente suas ideias, de Tom e David Kelley

Design Thinking: Understanding How Designers Think and Work, de Nigel Cross

1. A disciplina do reconhecimento de padrões

O reconhecimento de padrões é a capacidade do cérebro humano de identificar e detectar regularidades ou padrões no mundo ao nosso redor. Trata-se de um aspecto fundamental da cognição humana, que nos permite atribuir sentido à imensa quantidade de informações que chega até nós o tempo todo. O reconhecimento de padrões humanos é um processo complexo e dinâmico que envolve muitas funções cognitivas diferentes, como percepção, atenção, memória e raciocínio. É esse processo que nos permite reconhecer objetos e cenas com os quais estamos familiarizados, fazer previsões e inferências sobre o mundo e aprender com a experiência.

Nos negócios, o reconhecimento de padrões é a capacidade de observar os domínios CUVA nos quais a organização atua e identificar o que é importante. Em seus respectivos domínios de especialidade, os pensadores estratégicos possuem poderosos modelos mentais de relações de causa e efeito, tais como comportamento do consumidor, tendências financeiras e cenários de mercado.

Ao desenvolver suas habilidades de reconhecimento de padrões, você terá uma percepção aprimorada sobre os desafios e oportunidades de negócios que surgirem. Assim, atuará com maior celeridade para priorizar e mobilizar sua organização, de modo a evitar a destruição de valor (ao neutralizar ameaças) ou a criar valor (ao capitalizar oportunidades), ou alguma combinação desses dois cenários.

Como mostra a Figura 1, o pensamento estratégico é o processo por meio do qual você reconhece, prioriza e mobiliza (RPM) ao lidar com desafios e oportunidades. Trata-se de um processo cíclico, em que o *reconhecimento* dos problemas leva à *priorização* dos contratempos mais importantes e à *mobilização* da organização para resolvê-los. Avançar rapidamente pelos ciclos de RPM tem grande valor porque ajudará você — e sua equipe — a se mover mais depressa do que a concorrência.

Na Introdução, apontei que Gene Woods tem extraordinárias habilidades de RPM. Em 2016, quando foi nomeado CEO do Carolinas HealthCare System (CHS), Woods anteviu um drástico aumento na atividade de fusões e aquisições no setor de saúde nos Estados Unidos, impulsionado pela diminuição dos lucros, pela incerteza quanto às políticas regulatórias e pela entrada em cena de novos participantes no mercado, financiados com capital privado. Ao detectar esses padrões emergentes, Woods concluiu que a indústria estava madura para consolidação.

Ele logo percebeu que muitos de seus colegas CEOs reconheciam o potencial para aquisições, mas não tinham metas, tampouco planos. "Muitos estavam ensimesmados, absortos, às voltas com dinâmicas significativas de mercado",

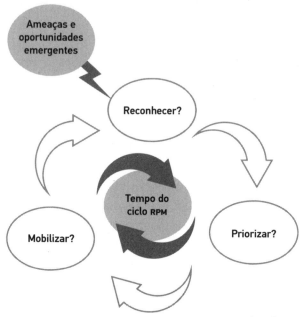

Figura 1: O ciclo reconhecer-priorizar-mobilizar (RPM).

diz Woods. "Isso se tornou um alerta e criou novas possibilidades." Woods logo identificou oportunidades e, em seguida, traçou um caminho promissor para sua organização. Em 2018, o chs se fundiu com a Navicent Health, sediada no estado da Geórgia, dando origem à Atrium Health. Posteriormente, a empresa realizou diversas aquisições e, em 2022, combinou-se com outra grande organização, conforme mencionamos, para formar a quinta maior rede de assistência médica sem fins lucrativos dos Estados Unidos.

POR QUE O RECONHECIMENTO DE PADRÕES É TÃO VALIOSO?

Se você não for capaz de reconhecer ameaças e oportunidades, não terá condições de priorizar e mobilizar sua organização para lidar com elas. Como a maioria dos executivos, você provavelmente está administrando seus negócios em meio a rápidas mudanças na concorrência, na tecnologia e na sociedade. Ao mesmo tempo, você se vê sob pressão incessante para aumentar o desempenho e transformar sua empresa. Em tempos tão hostis, os desafios em termos de processamento mental são cada vez mais árduos, e você deve ser capaz de avaliar situações em rápida evolução, prever as trajetórias de cada uma e adaptar suas estratégias de acordo com o que o momento exige.

É aí que o reconhecimento de padrões se torna tão útil. Insight é poder. Se você for capaz de reconhecer melhor os padrões em cenários complexos e de evolução rápida e constante, conseguirá agir de forma mais rápida e eficaz do que seus concorrentes.

> Reflexão: Até que ponto o reconhecimento de padrões é importante no seu trabalho? Que tipos de padrões têm mais relevância, e em que medida você se julga eficaz em reconhecê-los?

Jogos de estratégia, a exemplo de xadrez e Go,* são domínios clássicos nos quais o reconhecimento de padrões é essencial para o sucesso. O que torna os grandes mestres do xadrez muito melhores do que os jogadores comuns?

---

* Jogo japonês de origem chinesa em que dois jogadores disputam território por meio de manobras estratégicas. (N. T.)

Um dos aspectos primordiais é a maior capacidade de perceber padrões importantes no tabuleiro e compreender as consequências para seus movimentos futuros. No livro *Improve Your Chess Pattern Recognition*, Arthur van de Oudeweetering observa:

> O reconhecimento de padrões é um dos mais importantes mecanismos para o aperfeiçoamento do enxadrista. Perceber que a posição no tabuleiro é semelhante a outras que você já viu o ajuda a compreender rapidamente a essência dessa posição e a encontrar a sequência mais promissora.[1]

A evolução dos programas de computador desenvolvidos para jogos de estratégia destaca com ênfase ainda maior o poder do reconhecimento de padrões. Em 1997, o Deep Blue da IBM tornou-se o primeiro sistema a vencer uma partida de xadrez contra o então campeão mundial Garry Kasparov. O poder do Deep Blue estava na aplicação da força computacional bruta, utilizando uma máquina de alta velocidade para vasculhar todas as potenciais combinações de movimentos e contra-ataques. Os processadores do Deep Blue eram capazes de avaliar 200 milhões de posições por segundo, e pesquisavam entre seis e oito movimentos, até um alcance máximo de vinte lances ou mais em algumas situações.

Os melhores softwares e supercomputadores de xadrez atuais utilizam uma combinação de cálculo de força bruta e algoritmos de aprendizagem profunda executados em redes neurais.[2] Esses tipos de sistemas estão ficando cada vez melhores que os humanos, inclusive nos jogos de estratégia mais desafiadores. Em 2017, o AlphaGo, sistema de aprendizagem profunda projetado pela unidade DeepMind, da Google, derrotou de forma categórica Ke Jie, o profissional de Go mais bem ranqueado do mundo.[3]

A boa notícia, pelo menos por enquanto, é que os novos sistemas de inteligência artificial aumentam e amplificam as habilidades de reconhecimento de padrões — bem como outras disciplinas do pensamento estratégico — dos líderes empresariais, mas não as substituem. Isso porque os domínios em que você atua não são apenas complexos e incertos, mas também voláteis e ambíguos. Para ser uma parte eficaz de um sistema simbiótico humano-IA, você ainda precisará da capacidade de discernir padrões importantes em meio a um mar de ruído e de capitalizar essa percepção a fim de enquadrar os problemas mais importantes, fazer as perguntas certas, priorizar ações e mobilizar sua organização. Sua criatividade e visão também continuarão a ser primordiais numa era em que a concorrência se intensifica, o progresso tecnológico acelera e as crises políticas e ambientais seguem na mesma toada.

COMO FUNCIONA O RECONHECIMENTO DE PADRÕES?

Os executivos com talento para reconhecer padrões aliam suas observações sobre o que está acontecendo no mundo a seus padrões de memória. Isso os ajuda a identificar rapidamente aquilo em que é importante se concentrar. Os pensadores estratégicos tiram partido de seus modelos mentais para atribuir sentido ao que está acontecendo e traduzir percepção em ação.

Em sua melhor forma, o reconhecimento de padrões envolve ir além de perceber os acontecimentos que nos rodeiam. Trata-se de compreender seu significado mais amplo e antecipar em que direção o já dinâmico cenário dos negócios evoluirá. Jack Welch, o falecido ex-CEO da General Electric (GE) e um dos líderes empresariais mais influentes dos Estados Unidos, observou: "Ver o que vem por aí é o que diferencia o bom líder. Não são muitos que têm essa capacidade. Poucos conseguem enxergar as mudanças que ainda estão por acontecer".[4]

Pensadores estratégicos de primeira grandeza processam imensas quantidades de informações para fazer julgamentos rápidos e eficazes sobre o que é essencial no complexo cenário dos negócios. Os modelos mentais que eles desenvolvem na memória de longo prazo também lhes permitem perceber sinais fracos, mas importantes, num mar de ruído. Como resultado, eles são capazes de tomar decisões com base em informações incompletas e diante de enorme incerteza.

Para ser um pensador estratégico diferenciado, você deve, portanto, se esforçar para desenvolver modelos mentais eficazes sobre o que está acontecendo nas áreas mais decisivas do seu negócio. Isso o ajudará a processar uma quantidade maior de informações sem sobrecarregar sua capacidade de processamento cognitivo a ponto de levar a perda de foco ou confusão. Estudos demonstram que a sobrecarga de informação esgota nossa energia e autocontrole, danifica nossa capacidade de tomar decisões e nos torna menos colaborativos.[5]

Para desenvolver suas habilidades de reconhecimento de padrões, é útil entender que seu cérebro possui dois sistemas básicos de pensamento, como descreveu o ganhador do prêmio Nobel de economia Daniel Kahneman em *Rápido e devagar: Duas formas de pensar*:

As capacidades do Sistema 1 incluem habilidades inatas que compartilhamos com outros animais. Nascemos preparados para perceber o mundo em torno de nós, reconhecer objetos, orientar a atenção, evitar perdas e ter medo de aranhas. Outras atividades mentais se tornam rápidas e automáticas por meio da prática prolongada.[6]

O Sistema 1 é rápido e automático, com pouco pensamento consciente. Mas está sujeito a vieses e erros. O Sistema 2 é mais deliberado, lento e analítico. Kahneman descreve: "O Sistema 2 aloca atenção às atividades mentais laboriosas que o requisitam, incluindo cálculos complexos. As operações do Sistema 2 são muitas vezes associadas com a experiência subjetiva de atividade, escolha e concentração". Este segundo sistema é acionado quando nos concentramos em tarefas cognitivas desafiadoras, a exemplo de cálculos matemáticos. Ao detectar padrões — ser surpreendido por novos estímulos, por exemplo —, o Sistema 2 assume o controle da nossa atenção.

Imagine por exemplo que você é o CEO de uma empresa de serviços financeiros que fez uma provisão para perdas com empréstimos a fim de se prevenir contra um cenário que você acredita ser de iminente recessão. No entanto, seus resultados trimestrais superaram as estimativas consensuais de ganhos. À medida que você absorve os dados, seu Sistema 2 acessa sua memória de longo prazo, buscando padrões semelhantes no passado (talvez um estímulo governamental ou um aumento no emprego, reduzindo a inadimplência entre os tomadores de empréstimos). Em seguida você começa a construir uma narrativa para ajudá-lo a lembrar, compreender e comunicar o que está vendo.

A partir desses insights, você passa a imaginar o futuro por meio daquilo que é conhecido como "ativação associativa". O processamento de um pensamento (digamos, o estímulo governamental) desencadeia a ativação imediata de ideias correlatas armazenadas na sua memória de longo prazo (por exemplo, com *quantitative easing* [QE], liquidez, inflação). Isso leva à pré-ativação, fenômeno pelo qual a exposição a um estímulo faz com que você reaja com maior rapidez a estímulos relacionados, acelerando o processamento cognitivo e a recuperação da memória. A pré-ativação é como ondulações na água. É possível que se formem muitas associações que, por sua vez, ativam outras ideias.

De que maneira esse tipo de ativação mental funciona na liderança empresarial? Imagine que você comanda uma empresa com desempenho insatisfatório, vendas e lucros em queda e preço das ações caindo. Ao se deparar com esses resultados ruins, talvez venham à sua mente lembranças de investidores ativistas que acreditam ser capazes de resolver esses problemas. Uma vez que seu cérebro está pré-ativado e preparado para processar essa informação, você pode pensar rápido e reagir de imediato ao ver uma dificuldade potencial ganhar corpo (por exemplo, um fundo de hedge comprando uma participação maior e fazendo pressão para conseguir um posto no conselho de administração). Em essência, você é capaz de perceber e responder melhor às ameaças e oportunidades, o que é a base do pensamento estratégico.

Esses processos de reconhecimento de padrões são fundamentais para a tomada de decisões e o desenvolvimento de estratégias. Permitem identificar tendências, relacionamentos e outras informações relevantes a partir de uma grande quantidade de dados. Assim, você poderá tirar proveito dessas percepções para tomar decisões mais bem embasadas e abalizadas, desenvolver abordagens mais eficientes e antecipar eventos futuros. Além disso, também pode ajudá-lo a identificar riscos e oportunidades potenciais, algo primordial para o desenvolvimento de uma estratégia eficaz.

É provável que você nem sequer perceba o que está acontecendo, porque seu cérebro é controlado principalmente pelo Sistema 1, que se move de forma rápida e automática. Portanto, você deve se concentrar em desenvolver as capacidades do Sistema 2 como parte de seu programa mais amplo de exercícios para fortalecer a habilidade do pensamento estratégico.

> Reflexão: De que modo você pode se tornar mais consciente de quando está ou não envolvido no pensamento do Sistema 2 de Kahneman?

QUAIS SÃO AS LIMITAÇÕES DA CAPACIDADE DE RECONHECER PADRÕES?

À medida que você desenvolve suas habilidades, também é essencial compreender as limitações e evitar cair em armadilhas comuns. Deixar de reconhecer as limitações cognitivas fundamentais é uma delas. Você não pode cultivar a esperança de sentir e responder a todos os acontecimentos significativos que impactam seus negócios. Todos nós temos uma capacidade de atenção limitada, e dedicar excesso de energia a uma única tarefa pode nos tornar cegos para coisas que em circunstâncias normais atrairiam nosso olhar.

Um exemplo clássico disso é "O gorila invisível", experimento conduzido por Christopher Chabris e Daniel Simons. Eles pediram aos alunos de um curso de psicologia da Universidade Harvard que assistissem a um vídeo de uma partida de basquete e contassem o número de passes trocados entre os jogadores das duas equipes. Mais da metade dos participantes se mostrou completamente alheia a uma pessoa que, fantasiada de gorila, aparece, caminha pela quadra, bate no peito e sai de cena. Mesmo depois de terem sido informados sobre a aparição do gorila, os participantes não conseguiram se lembrar de tê-lo visto, nem mesmo com o benefício da percepção retrospectiva.[7] Sua mente estava tão absorta na tarefa que haviam sido instruídos a cumprir — e que lhes disseram ser importantíssima — que restou pouca capacidade disponível para detectar até mesmo um estímulo bastante incomum.

A biologia evolutiva nos deixou um legado: priorizamos as ameaças mais graves e as oportunidades mais promissoras de modo a aumentar nossas chances de sobrevivência. Nos negócios, o foco permite que os líderes se concentrem em tarefas cruciais sem se deixarem sobrecarregar por uma abundância de estímulos. Mas isso também traz potenciais desvantagens, sobretudo à medida que o mundo se torna mais complicado e confuso.

Paradoxalmente, a implicação disso é a necessidade de termos cuidado com as armadilhas da atenção seletiva. Se você reservar algum tempo para avaliar e refletir, ampliará a sua capacidade de detectar os padrões que de fato importam e não se distrair com chamarizes. Assim como a maioria dos executivos, você está lidando com demandas e dificuldades cada vez mais complexas à medida que o desenvolvimento tecnológico avança e se multiplicam os desdobramentos sociais e ecológicos. Isso apenas ressalta a importância de aprimorar sua capacidade de detectar padrões.

Além de reconhecer os perigos da atenção limitada e seletiva, é crucial compreender que somos vulneráveis a vieses que nos impedem de perceber as ameaças e oportunidades mais decisivas. Em *A lógica do cisne negro*, Nassim Nicholas Taleb afirma que os líderes falham continuamente em não detectar as ameaças (basta pensar na crise financeira global de 2008) e oportunidades (o surgimento das criptomoedas e do blockchain como uma tecnologia disruptiva) significativas, mas improváveis.[8]

Você nunca se tornará ótimo no reconhecimento de padrões se não estiver ciente de seus vieses na coleta e interpretação de informações. Kahneman define a mente humana como "uma máquina de tirar conclusões precipitadas". A ausência de boas informações nos leva a fazer suposições. Se essas suposições forem razoavelmente boas e os custos não forem altos demais no caso de se revelarem erradas, esse atalho mental nos ajuda a navegar em meio a eventos complexos sem ter uma visão da situação como um todo.[9]

É essencial, porém, que você se esforce para evitar armadilhas clássicas, como o *viés de confirmação* — a tendência de buscar novos dados que sejam compatíveis com seus pontos de vista e opiniões preexistentes ou de relembrar evidências que corroborem suas teorias previamente estabelecidas.

Um viés correlato, chamado de "armadilha narrativa", é perceber padrões que não existem. Nada mais natural do que tentarmos atribuir sentido a acontecimentos complexos e aparentemente díspares construindo histórias e definindo relações de causa e efeito. Vejamos por exemplo o caso dos veículos de mídia financeira, que costumam afirmar que as ações dos bancos disparam na esteira de um aumento das taxas de juros. O problema dessa análise é que ela não leva em conta a coincidência, ou pode não abranger variáveis importantes que contribuem para essa alta.

Outra versão do viés de confirmação é *o efeito halo*, descrito no livro homônimo de Phil Rosenzweig.[10] Trata-se da tendência de um único aspecto ou característica importante de uma pessoa (ou empresa) moldar as percepções do todo de maneiras que não são corroboradas pelos fatos. Em sua pesquisa sobre o efeito halo, Rosenzweig mostrou que ele provoca uma distorção imensa em nossa forma de pensar sobre o desempenho. Ele explica que é comum presumir que uma empresa com desempenho financeiro sólido dispõe de uma estratégia e uma liderança forte. No entanto, quando o desempenho cai, muitas vezes nos apressamos a concluir que a estratégia não é tão sólida assim e que seu CEO se tornou arrogante. Os resultados globais tangíveis criam uma impressão geral (um halo) que embasa nossa percepção dos elementos mais granulares que contribuem para o desempenho. Ou, como afirma Rosenzweig, confundimos resultados (output) com insumo de dados (input).

O otimismo ilusório — conhecido em termos mais formais como a *falácia dos custos irrecuperáveis* — é outro importante viés cognitivo. Esse excesso de otimismo nos leva a continuar investindo preciosos recursos numa proposta perdedora, na vã esperança de recuperar prejuízos anteriores. Essa tendência de dobrar a aposta ocupa o centro de muitos escândalos financeiros, como quando operadores desonestos ficam presos numa espiral descendente de manobras cada vez maiores e arriscadas que, por vezes, contribuem para o fracasso institucional e até mesmo para crises globais.

Por fim, é essencial evitar responsabilizar os outros quando as coisas dão errado. Os seres humanos têm a tendência natural de culpar fatores externos pelos resultados negativos e, ao mesmo tempo, receber crédito pessoal pelos resultados positivos. Os psicólogos chamam isso de "viés de autoatribuição". E, embora possa contribuir para a percepção de sucesso pessoal e poder político, o hábito de avaliar as coisas de maneira a proteger ou melhorar nossa autoimagem acaba por obscurecer o julgamento, levando a erros potencialmente catastróficos. Os pensadores estratégicos evitam o desejo natural de atribuir culpas a bodes expiatórios. Em vez disso, trazem à luz e reformam as estruturas que impulsionam o mau desempenho. Eles são curiosos e abertos a uma variedade de soluções potenciais para as dificuldades que enfrentam.

Isso significa que você não conseguirá avaliar as realidades em rápida mudança da sua organização se estiver coletando e interpretando as informações de maneira enviesada. "Se entra lixo, sai lixo", como bem ensina o aforismo. Você não identificará com precisão as ameaças e oportunidades potenciais, tampouco usará esses achados reveladores para imaginar e implementar a linha de ação correta.

É lógico que você deve aprender a reconhecer e evitar os vieses cognitivos comuns. Mas isso não é suficiente. Além de se desenviesar, você também precisa desenvolver habilidades de pensamento crítico que destaquem e testem suas habilidades de reconhecer padrões. Em uma situação nova com riscos elevados, você deve ser resoluto ao analisar de forma crítica suas percepções iniciais. Os vieses cognitivos podem obscurecer realidades importantes, fazendo-nos ver apenas o que queremos. Os melhores pensadores estratégicos são céticos quanto às próprias intuições e questionam as convicções de todos.

Líderes como Woods tendem a escolher caminhos que incentivem seus planos e objetivos; entretanto, o reconhecimento de padrões pode indicar também que você precisa ajustar a rota para responder ao que está acontecendo ao redor. A adaptação contínua é uma marca dos grandes pensadores estratégicos. Tal como no caso de Woods, muitas vezes tudo começa com uma discussão aberta — o ambiente certo para o pensamento estratégico florescer. As melhores práticas incluem discutir as potenciais consequências com equipes diversas, que oferecerão uma variedade de pontos de vista e experiências com o potencial de aprimorar a resolução de problemas e a tomada de decisões.

O debate pode, por exemplo, realçar problemas do seu modelo mental, a exemplo de quando novas observações contradizem sua avaliação original do cenário, tornando um plano estratégico pouco confiável. Você pode coletar mais informações e rever suas suposições a fim de fazer julgamentos melhores. Por meio desse processo de análise crítica e correção, os pensadores estratégicos testam e aprimoram os frutos do reconhecimento de padrões.

> Reflexão: O que você pode fazer para evitar essas armadilhas, cultivar a curiosidade e garantir que está atualizando seus modelos mentais?

COMO É POSSÍVEL APRIMORAR A HABILIDADE DE RECONHECER PADRÕES?

Embora seja essencial estar atento às maneiras como o reconhecimento de padrões pode decepcioná-lo, não deixe que isso diminua a enorme força dessa habilidade. A capacidade de reconhecer padrões está embutida em nosso cérebro. Porém, assim como as outras disciplinas do pensamento estratégico, também pode ser cultivada e aprimorada.

Estudos sobre a neuroplasticidade demonstraram que o cérebro direciona a atenção e mobiliza esforços para atividades que sobrecarregam nossas capacidades cognitivas.[11] À medida que você aprende e se torna melhor no seu ofício, sua mente já não trabalha mais de maneira tão árdua. As regiões do cérebro que regem a atenção e o controle com esforço apresentam atividade bastante reduzida.

A imersão total é a melhor maneira de aprender um novo idioma. Também é uma ótima maneira de obter insights profundos sobre ambientes de negócios complexos. A imersão é essencial porque as pessoas precisam de um tempo significativo entranhadas em determinado ambiente para construir modelos mentais potentes. (Nota para os profissionais de desenvolvimento de talentos: essa percepção ressalta também os perigos de deslocar as pessoas muito depressa de uma empresa para outra ou de um emprego para outro, porque não há tempo para dominar a dinâmica central de cada nova situação.)

Você não deve esperar desenvolver uma capacidade superior de reconhecimento de padrões em todos os domínios. Mergulhe fundo em áreas específicas — por exemplo, atividades de negócios como o marketing, indústrias como a de bens de consumo rápido ou ambientes como o de relações governamentais. Ou seja, pense bastante em quais domínios você deseja se especializar. Só depois disso é a hora de fazer a imersão e o treinamento necessários para alcançar a excelência no reconhecimento de padrões.

Outra maneira de desenvolver essa habilidade é trabalhar em estreita colaboração, em um relacionamento semelhante ao do mestre-aprendiz. Encontre oportunidades nas quais você possa observar e aprender com o trabalho de pessoas excepcionais, absorvendo, assim, suas formas de pensar. Isso requer mais do que observação, uma vez que você deseja aprender o máximo possível sobre os processos de pensamento interno. Claro, isso significa que os especialistas devem estar dispostos a dedicar algum tempo para conversar com você. Algumas perguntas úteis que poderiam ser feitas:

- Quais foram os padrões ou sinais mais importantes que você percebeu?
- Que conexões você estabeleceu com situações ou eventos anteriores que tenha vivenciado?
- O que há de novo na situação ou no problema, se é que há mesmo alguma coisa nova?
- Em que medida você confia nas suas conclusões?
- Até que ponto continuará a refinar seu pensamento e ajustar seu foco?

Além disso, é útil cultivar a curiosidade e abrir um leque maior de fontes de informação. Psicólogos constataram que ser curioso estimula o desejo de investigar, descobrir e crescer —[12] o que é útil quando você precisa entrar nos detalhes mais sutis do microambiente, que de outra forma poderiam acabar passando em branco.

Concentre-se também em procurar tendências. Consulte notícias e pesquisas ou obtenha informações por meio de redes de contatos, e acompanhe com atenção o desenvolvimento de hipóteses sobre essas tendências. Líderes como Woods acumularam décadas de experiência, o que lhes permite discernir padrões críticos, mas também trabalham com afinco para complementar esse conhecimento e fortalecer seus modelos mentais. Nas palavras de Woods: "É necessário ser capaz de absorver um amplo espectro de dados, dinâmicas qualitativas, experiências — e ligar os pontos — para formular uma hipótese sobre as melhores apostas a fazer no futuro".

Ao fazer declaração semelhante à revista de inovação e negócios *Inc.*, Fred W. Smith, fundador, ex-CEO e hoje presidente-executivo da FedEx, resumiu sua abordagem para obter informações sobre o que está acontecendo no mundo como

> a capacidade de assimilar informações de muitas disciplinas diferentes ao mesmo tempo — sobretudo informações sobre mudanças, porque é delas que surgem oportunidades. Então, pode ser que você esteja lendo algo sobre a história cultural dos Estados Unidos e chegue a alguma conclusão sobre os rumos demográficos do país.

Mais adiante, na mesma entrevista, Smith afirma que lê cerca de quatro horas por dia, cobrindo "um pouco de tudo, de jornais a livros sobre gestão e teoria de voo. Por meio de revistas e periódicos, acompanho os mais recentes avanços tecnológicos. E estou fascinado com o futuro".[13]

A análise de estudos de caso é outra estratégia poderosa que o ajudará a aprimorar sua habilidade de reconhecer padrões. Você pode absorver as lições e construir eficientes modelos mentais consumindo uma diversa gama de "casos" realistas (que aprofundam estudos sobre um grupo, evento, organização ou setor) e refletindo sobre as experiências retratadas. As pesquisas sugerem que o acesso a representações da realidade é especialmente impactante.[14]

A simulação é outra ferramenta poderosa. Ao entrar em contato com situações como as que encontramos no mundo real — por exemplo, via participação em simulações de negócios —, você aperfeiçoa sua consciência situacional, o reconhecimento de padrões e até mesmo o planejamento e execução estratégicos. Essas experiências são uma excelente forma de refinar os importantíssimos processos mentais que nos permitem pensar de forma crítica e estratégica e fazer escolhas melhores.

Contar com um bom feedback — opiniões, comentários, críticas, ideias, dicas — também é essencial para desenvolvermos nosso reconhecimento de padrões. Estudos demonstram que quando as pessoas recebem um feedback detalhado sobre seu desempenho após a conclusão de uma tarefa, logo convergem para o equilíbrio ideal entre velocidade e precisão na tomada de decisões.[15] Isso ocorre porque o feedback fornece pontos de referência e reforça associações entre sugestões e estratégias, ajudando a desenvolver modelos mentais que permitem a rápida tomada de decisões em ambientes incertos e com informações imprecisas. Graças ao feedback, os executivos também podem testar suas convicções e superar as limitações cognitivas e os vieses que muitas vezes levam a decisões ruins e maus resultados.

RESUMINDO

O reconhecimento de padrões é um importante aspecto do pensamento estratégico porque permite identificar modelos e tendências em dados e informações. Essa habilidade propicia uma compreensão mais profunda das suas operações, mercados e clientes — bem como a identificação de potenciais dificuldades e oportunidades. Sem reconhecer padrões essenciais nos domínios mais importantes em que sua empresa atua, não há como se concentrar no que importa e desenvolver boas estratégias. Portanto, trabalhe no fortalecimento de suas capacidades de reconhecimento de padrões, por meio de imersão, observação e refinamento. O capítulo a seguir investiga em detalhes de que maneira a disciplina da análise de sistemas ajuda a aprimorar suas habilidades de reconhecimento de padrões.

CHECKLIST DO RECONHECIMENTO DE PADRÕES

Listas como esta estão incluídas no final de cada capítulo para resumir as principais conclusões e ajudá-lo a desenvolver cada uma das dimensões do pensamento estratégico.

1. Quais são os domínios mais importantes em que você precisa desenvolver suas habilidades de reconhecimento de padrões?
2. Qual é a melhor forma de mergulhar nesses domínios para aprimorar seus modelos mentais?
3. Que práticas você pode adotar para desenvolver suas habilidades de reconhecimento de padrões — tais como aprender com simulações, trabalhar com especialistas ou receber feedback?
4. O que fazer para cultivar a curiosidade e estar mais sintonizado com as tendências emergentes?
5. De que modo você pode desenvolver sua consciência sobre potenciais vulnerabilidades aos vieses cognitivos?
6. Quais processos implementar para eliminar vieses e fortalecer seu pensamento crítico?

PARA SABER MAIS

Rápido e devagar: Duas formas de pensar, de Daniel Kahneman

O efeito halo: ... E outros oito delírios empresariais que enganam os gestores, de Phil Rosenzweig

Naturalistic Decision Making, de Caroline E. Zsambok e Gary Klein (Orgs.)

2. A disciplina da análise de sistemas

A análise de sistemas envolve construir modelos mentais de cenários complexos, como o ambiente competitivo em que sua empresa atua. O processo de criação desses modelos consiste em: (1) decompor fenômenos complexos em conjuntos de elementos; (2) compreender a maneira como esses elementos interagem; e (3) utilizar essas informações para construir boas representações das mais importantes relações de causa e efeito no mundo dos negócios.

Internamente, a análise de sistemas permite identificar as interconexões e interdependências entre diferentes partes da sua organização, tais como departamentos, processos e sistemas. Ao compreender de que modo essas diferentes partes interagem e se influenciam, você terá condições de identificar oportunidades de melhoria e desenvolver estratégias para otimizar o desempenho.

Externamente, você pode utilizar a análise de sistemas para compreender o ambiente em que a organização atua. Ao esmiuçar a forma como ela interage com forças externas — clientes, fornecedores, concorrentes e governos, por exemplo —, você poderá identificar oportunidades de crescimento e desenvolver estratégias eficazes para tirar o máximo proveito delas.

O QUE É ANÁLISE DE SISTEMAS?

A análise de sistemas é uma abordagem holística que se concentra nas conexões e interações entre os elementos de um sistema, e não nos componentes individuais isolados. Sua base é a ideia de que as interações entre as partes determinam o comportamento de um sistema. Como resultado, alterações numa parte podem ter efeitos cascata sobre outros elementos. Trata-se de uma valiosa ferramenta para resolver problemas complexos e tomar decisões que levem em consideração os potenciais impactos e consequências de diferentes procedimentos e linhas de ação.

Os modelos de sistemas aprimoram sua capacidade de reconhecimento de padrões, reduzindo a carga cognitiva necessária para priorizar o que é mais importante. Como resultado, você enxerga mais depressa as dificuldades e oportunidades que surgem, o que lhe permite prever de imediato prováveis impactos e desenvolver estratégias para alterar a dinâmica do sistema da maneira que desejar.

A análise de sistemas é uma ferramenta essencial para os cientistas que estudam o clima mundial e para os economistas que procuram prever a dinâmica e a evolução da economia global. Aqui os fenômenos são demasiado complexos para serem tratados como um todo, e está além da capacidade humana compreendê-los por completo. É necessário dividi-los em subsistemas independentes. Para os cientistas do clima, isso significa criar modelos da atmosfera, do oceano, da criosfera (áreas da superfície terrestre cobertas por água congelada) e da biosfera. Esses submodelos são desenvolvidos de forma separada (consistem em vários elementos) e podem ser utilizados sozinhos ou em conjunto para gerar previsões úteis para o clima global.[1] Tanto na modelagem climática quanto na econômica, modelos de sistemas baseados em computador, alimentados por algoritmos de reconhecimento e análise, aumentam e amplificam a capacidade humana em relações simbióticas.

Há algum tempo engenheiros vêm utilizando modelos de sistemas, muitas vezes respaldados por modelagem baseada em computador, para projetar produtos complexos. Esses modelos captam processos que ocorrem em paralelo e sequencialmente, e são utilizados para maximizar entregas e produção (por exemplo, reduzindo os custos de armazenamento e manutenção de estoques).

Por sua vez, os profissionais de desenvolvimento de produtos recorrem a modelos arquiteturais em seus processos de design. Os produtos de tecnologia de ponta são por demais complexos para serem concebidos como uma unidade única. Tenha em mente, por exemplo, os veículos cada vez mais autônomos de hoje em dia. Eles incorporam uma estonteante variedade de componentes — sensores, acionadores, processadores e algoritmos, além de elementos mais tradicionais, como motores, sistemas de transmissão e chassis. Os veículos autônomos são projetados como sistemas formados por diversos elementos que podem ser trabalhados de forma independente e depois integrados, contanto que sejam respeitadas as especificações de interface definidas de antemão.

> Reflexão: Você já aprendeu sobre análise de sistemas no passado? Já teve a oportunidade de aplicá-la em seu trabalho? Em caso afirmativo: foi útil?

POR QUE A ANÁLISE DE SISTEMAS É TÃO VALIOSA?

Para ser um pensador estratégico mais eficaz, aprenda a criar modelos de sistemas que aprimorem sua capacidade de reconhecer padrões, fazer previsões, formular estratégias, tomar boas decisões e agir com maior rapidez. Podem até ser modelos formais executados em um computador, mas em geral são mais modelos mentais que você "executa" dentro da sua cabeça.

É possível estruturar muitos domínios de negócios relevantes como sistemas: processos de produção, organizações, segmentos de atividade e economias. No que diz respeito aos líderes empresariais, a análise de sistemas é essencial para compreender a dinâmica interna da organização e as forças econômicas, políticas e sociais que moldam seu ambiente externo.

Naturalmente, nossa mente racional busca decompor problemas intrincados em elementos constituintes, a fim de facilitar o manejo de tarefas complexas. Embora seja importante compreender esses elementos isoladamente, também é essencial saber como eles se encaixam e interagem. Se você não fizer isso, o mais provável é que fique "previsivelmente surpreso" com o resultado.

Lembre-se do que aconteceu em março de 2021, quando o *Ever Given*, um navio porta-contêineres do tamanho de um arranha-céu, ficou encalhado no canal de Suez durante seis dias. Um lamentável erro de navegação congestionou rapidamente as cadeias de abastecimento e abalou o comércio global. O bloqueio interrompeu o comércio internacional, acarretando prejuízos da ordem de 9 bilhões de dólares por dia de encalhe, o equivalente a 400 milhões de dólares em transações por hora, ou 6,7 milhões de dólares por minuto.[2] Mesmo depois de o canal ter sido desobstruído, foram necessárias semanas para que os fluxos comerciais globais se estabilizassem.

Por que isso aconteceu? Porque o comércio global é um sistema complexo e surpreendentemente frágil. A incansável busca pela eficiência econômica — sobretudo o desejo de minimizar os custos de manutenção de estoques — resulta no transporte de materiais e componentes vindos de muitos locais diferentes a grandes distâncias de modo que cheguem "na hora certa" para a etapa seguinte da cadeia de produção.

Enquanto as coisas estão estáveis, o sistema funciona de maneira tranquila e transcorre de acordo com a eficácia planejada. No entanto, ele é frágil — extremamente vulnerável a pequenas falhas. Como se trata de um modelo que incorpora pouquíssima margem de manobra e redundância, essas pequenas falhas rapidamente se alastram e ocasionam problemas maiores. Como afirma Lukas Kinigadner, CEO e cofundador da empresa de dados móveis Anyline: "Nossas cadeias de suprimentos são as artérias da indústria, e, na era da entrega no mesmo dia e do estoque *just-in-time*, até mesmo o mais ínfimo bloqueio pode causar [...] transtornos adiante".[3]

Os analistas do sistema logístico global previram, há muito tempo, que pequenos percalços teriam consequências significativas. Embora não pudessem especificar o evento deflagrador, sabiam que o comércio internacional era vulnerável a "falhas de sistemas em cascata", nas quais um pequeno distúrbio, tal qual um gatilho, gera uma avaria em outro local, desencadeando uma nova série de problemas e levando potencialmente ao colapso.[4] No entanto, poucas empresas tinham margem de manobra e redundância em suas cadeias de abastecimento; a maioria não seria capaz de evitar o impacto.

Embora a natureza, a localização e o momento específico do bloqueio do canal de Suez não fossem previsíveis, reconhecia-se o potencial de algo desarranjar uma artéria de transporte essencial no sistema do comércio global. Esse exemplo ressalta como a análise de sistemas corrobora a criação de planos de contingência. Embora não seja possível prever com exatidão qual crise ocorrerá, é possível antecipar desastres financeiros, ecológicos, sociais e políticos que potencialmente impactariam seus negócios. Esse insight constitui uma base sólida para elaborar planos de resposta a crises que capacitarão sua empresa a lidar com eventuais problemas.

Pense em como os impactos da pandemia de covid-19 se transformaram numa crise econômica de grandes proporções, com desastres na produção e um colapso no consumo e na confiança. Investidores atentos tiraram proveito da compreensão que tinham sobre como os mercados se comportam sob pressão para antever a forma como a covid-19 se propagaria, e logo reconheceram que uma minoria de empresas prosperaria. Assim, algumas companhias farmacêuticas foram impulsionadas pelas vacinas contra o vírus, gigantes da tecnologia colheram os frutos da revolução do trabalho remoto e varejistas on-line se beneficiaram das medidas de isolamento social.

Capitalizando esses insights, rapidamente os investidores transferiram dinheiro de setores vulneráveis, como o de viagens e turismo, para potenciais ganhadores. Um exemplo: Bill Ackman, à frente do fundo de hedge Pershing Square Capital Management, apostou que os prêmios de seguro teriam um aumento em 2020, à medida que a covid-19 provocasse a paralisação das economias. Com um investimento de 27 milhões de dólares, ele obteve um lucro de 2,6 bilhões de dólares.[5]

A análise de sistemas é uma ferramenta poderosa para gerir a complexidade, concentrar a atenção e agir. O mundo não é estável nem previsível; é cada vez mais dinâmico e complexo. Isso cria riscos e incertezas, gerando uma sobrecarga de informações. A análise de sistemas o ajuda a ignorar o ruído para, indo direto ao ponto, identificar o que é ou não essencial. Quando bem executada, permite que você veja o que ainda está por acontecer — como disse Jack Welch — e fornece as ideias criativas necessárias para transformar transtornos potencialmente prejudiciais em vantagem para a organização.

> Reflexão: A análise de sistemas seria uma ferramenta útil para que tipos de desafios que sua organização enfrenta?

COMO FUNCIONA A ANÁLISE DE SISTEMAS?

Os modelos de sistema têm três componentes: elementos, interconexões (ou "interfaces") e um propósito ou função. Pense em como sua organização poderia funcionar nos moldes de um sistema. Para que seu negócio tenha sucesso, você deve integrar diversas funções e talentos em um todo que seja maior do que a soma das partes. Katherine Bach Kalin, ex-executiva de RH que agora faz parte de vários conselhos, define:

> É essencial estabelecer conexões entre as pessoas, funções e processos, olhando de forma mais ampla para a empresa e as oportunidades. Cabe a você entender como gerenciar um negócio de forma holística e saber do que precisa em relação aos recursos em cada função.

As tentativas de aplicar a análise de sistemas ao design organizacional começaram na década de 1970. Jay Galbraith, então professor da renomada Wharton School, publicou em 1978 seu "modelo estrela" de sistemas organizacionais.[6] Depois, em 1980, a consultoria McKinsey introduziu a "estrutura 7-S". Ambos são semelhantes. Galbraith dividiu as organizações em cinco elementos interligados dispostos em formato de estrela: estratégia, estrutura, processos, recompensas e pessoas. No modelo da McKinsey, os sistemas organizacionais consistiam em sete elementos (iniciados em inglês pela letra S, daí 7-S): estratégia, estrutura, sistemas, staff (pessoal), estilo (cultura), skills (habilidades) e valores compartilhados (propósito).[7] Dos dois, a estrela de Galbraith resistiu melhor ao tempo e ainda é o padrão utilizado por muitas pessoas em posição de liderança, talvez porque o formato torne o diagrama mais atraente em termos visuais e porque seja mais fácil recordar cinco elementos do que sete.

O modelo mostrado na Figura 2 é minha adaptação da estrela de Galbraith. Ampliei "estratégia" para "direção estratégica", que abrange agora missão, visão, propósito, estratégia e objetivos principais. Adicionei também tomada de decisões, capacidades, sistemas e um novo elemento — cultura — no meio.

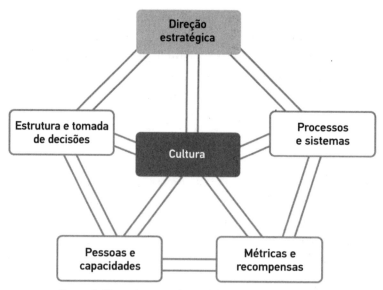

Figura 2: Uma adaptação do modelo estrela de Galbraith.

- A *direção estratégica* define o propósito, o ideal, os valores, a missão, os objetivos e a estratégia da sua organização. É o que alinha as pessoas em torno do que precisa ser feito, como será realizado e por que é preciso se engajar em fazer parte da jornada.
- A *estrutura e a tomada de decisões* têm a ver com a forma como as pessoas se organizam em unidades e grupos, como seu trabalho é coordenado — por exemplo, por meio de equipes multifuncionais — e quem tem autoridade para tomar decisões.
- *Processos e sistemas* são fluxos de materiais e informações. Os processos são executados lateralmente pela organização e são a forma como se realiza o trabalho e se cria o valor. As empresas utilizam sistemas para exercer controle e tomar medidas coerentes — tais como planejamento estratégico e cálculo de orçamentos.
- *Pessoas e capacidades* são os talentos e as competências essenciais da organização. Isso inclui, por exemplo, a construção de uma capacidade de análise de dados por meio da contratação de especialistas, do investimento em ferramentas analíticas e do respaldo a plataformas.

- *Métricas e recompensas* são as formas pelas quais as organizações mensuram e incentivam o desempenho. Isso inclui remuneração e recompensas não monetárias, como reconhecimento e progressão na carreira.
- *Cultura* é o conjunto compartilhado de valores (o que nos interessa), convicções (o que consideramos verdadeiro) e normas de comportamento (como fazemos as coisas) que moldam a forma como as pessoas se comportam.

Por que é vantajoso pensar na sua organização como um sistema? Porque isso permite diagnosticar e planejar os elementos individuais de forma independente. A partir daí, você pode impulsionar a mudança organizacional tomando como parâmetro qualquer um dos seis elementos. E pode também desenvolver uma estratégia ou reestruturar sua organização, implementar novos processos (que são os elementos-chave da transformação digital) ou contratar pessoas com diferentes habilidades.

Ao fazer isso, é essencial compreender de que modo as alterações em um elemento impactam os outros e o estado geral do sistema. Por quê? Porque os sistemas organizacionais precisam ter encaixe ou coerência. O desajuste entre elementos — estratégia e estrutura desalinhadas, por exemplo — pode resultar em disfunção e desempenho inferior.

Imagine, por exemplo, que um pilar da sua nova estratégia seja tornar sua organização mais centrada no cliente. É improvável que você tenha sucesso se a tomada de decisões permanecer isolada, ou se os processos e dados necessários para compreender o cliente não estiverem implementados e em funcionamento. Assim, mesmo que você decida que seu negócio precisa de uma nova estratégia, também é necessário ponderar sobre o que fazer para transformar os outros elementos da organização.

IDENTIFIQUE PONTOS DE ALAVANCAGEM

Modelar domínios de negócios na forma de sistemas também ajuda a identificar possíveis *pontos de alavancagem*, que são os locais em que mudanças modestas geram impactos significativos.

Voltando ao modelo de sistema organizacional que mencionamos, você verá que a cultura fica no meio porque todos os demais elementos a influenciam. Entre as formas como os diferentes elementos afetam a cultura incluem-se:

- o propósito, o ideal e os valores da direção estratégica;
- o número de níveis, as relações de responsabilização e prestação de contas e a dimensão da tomada de decisões da estrutura e da governança;
- as maneiras como os processos e sistemas moldam as formas de trabalhar;
- o histórico (experiência, bagagem, conhecimentos) e as competências das pessoas mais influentes;
- os incentivos que resultam daquilo que a organização mede e recompensa.

Agora, imagine que você queira mudar a cultura da organização. Compreender de que maneira esses outros elementos causam impacto ajuda a identificar os pontos de alavancagem nos quais é preciso aplicar esforços. Por exemplo, para modificar comportamentos é essencial definir seu objetivo em termos de condutas-alvo. Em seguida, alterar os sistemas de RH que influenciam os comportamentos dos funcionários — contratação, integração ou clima organizacional, desempenho, gestão, engajamento no ambiente de trabalho, aprendizagem e desenvolvimento — para reforçá-los.

CONCENTRE-SE NOS FATORES LIMITANTES

Outra maneira valiosa de tirar proveito dos modelos de sistemas é usá-los para identificar fatores limitantes ou restrições vinculativas. Autor de *A quinta disciplina*, livro indispensável sobre aprendizagem organizacional, Peter M. Senge identificou essa análise dos limites do crescimento como uma forma clássica de aplicar a análise de sistemas.[8]

A ideia básica é que os limites aos recursos críticos mais escassos restringem a capacidade de crescimento de uma organização. Isso se assemelha a analisar processos de produção para identificar gargalos que, caso não resolvidos, refreiam a produção, independentemente de quanto tempo e recursos sejam dedicados a outras partes do processo. Isso também é conhecido como a "teoria das restrições", desenvolvida por Eliyahu M. Goldratt em seu livro *A meta*.[9]

Outra ideia correlata vem da gestão de projetos. Aqui, a velocidade de conclusão de um projeto é limitada pelo tempo necessário para concluir a tarefa imprescindível mais lenta. A identificação desses fatores limitantes, gargalos ou caminhos críticos mostra onde concentrar esforços a fim de liberar energia, aumentar o crescimento, impulsionar a produtividade e reduzir o tempo necessário para alcançar os resultados desejados.

RECONHEÇA O IMPACTO DOS CICLOS DE FEEDBACK

Além dos pontos de alavancagem e dos fatores limitantes, é essencial compreender se o sistema tem ciclos de feedback que o estabilizam. Aqui, é importante compreender as ideias da análise de sistemas sobre *estado* e *equilíbrio*. O estado de um sistema descreve o status de suas variáveis mais importantes em um momento específico. Um sistema está em equilíbrio se seu estado permanece estável ou oscila dentro de um conjunto almejado de limites. Os ciclos de feedback ocorrem quando os resultados ou saídas (outputs) de um sistema completam o circuito e voltam para ser usados como insumos ou entradas (inputs).

Em muitos casos, a estabilidade do sistema é benéfica. Voltando ao exemplo do veículo autônomo, pense no subsistema que mantém o veículo em movimento a uma velocidade constante e desejada. Se ele ganhar velocidade muito depressa (por estar ladeira abaixo, digamos), o feedback aciona uma redução na potência do motor para diminuir a velocidade. Da mesma forma, se o veículo desacelerar além do limite definido (talvez quando começar a se deslocar morro acima), o sistema produz mais potência. Desta forma, ele mantém uma velocidade relativamente constante, embora oscile entre uma faixa específica de limites.

É essencial identificar as áreas mais importantes nas quais sua organização precisa de feedback para manter o nível de desempenho. É útil, por exemplo, pensar nos controles financeiros da organização através dessa óptica. Se os resultados financeiros começarem a vacilar, é desejável que isso seja detectado logo no início. Identificado o problema, as atenções se voltam para a resolução, e a partir daí é possível tomar ações corretivas. A questão é assegurar que o sistema de controle financeiro (1) se concentre na medição de aspectos que forneçam alertas precoces sobre problemas iminentes e (2) tenha mecanismos de feedback que direcionem a atenção e estimulem ações corretivas da forma adequada.

No entanto, a estabilidade e os ciclos de feedback que lhe dão sustentação nem sempre são benéficos. Por exemplo, ao empreender uma transformação organizacional, os esforços para impulsionar a mudança costumam esbarrar em forças resistentes à mudança. Entre essas forças restritivas estão uma mentalidade rígida, o medo da mudança, incentivos e culturas conflitantes. Algumas delas ajudam a manter a organização estável e produtiva em "tempos normais". Contudo, diante da necessidade de uma transformação face aos novos desafios, podem constituir sérios impedimentos. Portanto, essas forças devem ser superadas de modo que a organização seja alçada a um estado novo e melhor.

CUIDADO COM NÃO LINEARIDADES E PONTOS DE INFLEXÃO

Por fim, reconheça que a dinâmica do sistema inclui importantes não linearidades e pontos de inflexão. Quando um sistema é linear, as alterações de entradas (inputs) geram alterações proporcionais nas saídas (outputs). Tenha em mente, por exemplo, o ato de pisar no acelerador do seu veículo (não autônomo). Você aplica certa pressão ao pedal, e a velocidade do veículo aumenta de modo correspondente. Se você aplicar o dobro da pressão, dobra a velocidade: é proporcional. Agora, imagine que o pedal do acelerador funciona de forma não linear. Você o pressiona um pouco e ele acelera em 10%. Pisa mais um pouco, aplicando a mesma leve pressão, e ele acelera em 100%. Depois, em 1000%. Imagine como seria fácil sair do controle e bater o carro.

Por outro lado, por vezes a não linearidade em um sistema aparece como retornos decrescentes em relação à quantidade de energia aplicada para alterá-lo. Imagine que a pressão que você impõe nos freios do seu veículo tem um impacto decrescente. Você aplica uma mínima pressão ao freio e o carro desacelera um pouco, porém pressionar com mais força tem impacto cada vez menor. No fim das contas, você está esmagando o freio, mas o carro não para. No mundo dos negócios, retornos decrescentes podem ocorrer ao se investir na melhoria das condições de trabalho quando os níveis salariais abaixo dos padrões mínimos afugentam as pessoas. Depois de propiciar um ambiente de trabalho razoavelmente agradável ou políticas de trabalho flexíveis, adicionar um vale-presente não terá grande impacto. Portanto, você deve ficar atento a possíveis não linearidades nos sistemas da sua organização. Cuidado com o potencial das pequenas mudanças além de certo ponto para não gerar impactos negativos não intencionais ou retornos decrescentes.

Em contrapartida, os pontos de inflexão ocorrem quando os sistemas que se tornaram razoavelmente lineares atingem estados limiares críticos, para além dos quais as mudanças se desdobram de forma rápida, não linear e irreversível. As alterações climáticas constituem o melhor exemplo do pior caso possível dos perigos potenciais associados a essa situação. Preocupa os cientistas a possibilidade de o clima do planeta atingir pontos de inflexão irreversíveis, quando as condições na Terra evoluiriam rapidamente para um estado muito menos hospitaleiro.

Um desses limites críticos envolve a perda de gelo nos polos. Por ser branco, o gelo reflete grandes quantidades de radiação solar de volta ao espaço. À medida que derrete, o gelo é substituído pelo solo mais escuro ou pela água abaixo — que absorvem maior calor do sol. Esse processo acelera ainda mais o derretimento e impulsiona o aumento das temperaturas globais. Outro limiar climático crítico ocorre à medida que os polos ficam mais quentes: os cientistas estão preocupados com a liberação na atmosfera de grandes quantidades de dióxido de carbono e metano (ainda mais potente) hoje presos no permafrost (a camada de subsolo e outros materiais subterrâneos envolvidos em uma temperatura inferior a 0°C o ano inteiro). Se isso acontecer, as temperaturas globais subirão ainda mais, impondo mudanças repentinas, drásticas e inevitáveis.

Felizmente, as transições nos negócios não são tão complexas (ou potencialmente catastróficas). Pode até haver aspectos positivos nos pontos de inflexão. Com efeito, as forças internas que resistem à mudança podem diminuir ou entrar em colapso quando uma iniciativa de transformação alcança progressos suficientes. Pode ser que as pessoas que vêm resistindo deixem de tentar (de maneira ativa ou passiva) bloquear a mudança e passem a aceitar que ela mais cedo ou mais tarde acontecerá, e a partir daí escolham entre aprender a conviver com ela ou abandonar o barco.

> Reflexão: Essa discussão o faz pensar sobre as dificuldades da sua organização de maneiras diferentes e potencialmente valiosas?

COMO CRIAR ORGANIZAÇÕES ADAPTATIVAS?

Além de delinear e fazer previsões, você pode aproveitar a análise de sistemas para projetar processos essenciais. Um exemplo é o esforço de vacinação contra a covid-19. Bilhões de doses foram produzidas e distribuídas em todo o mundo a uma velocidade vertiginosa. Uma injeção da Pfizer-BioNTech contra a covid-19 contém mais de 280 ingredientes diferentes. Fabricá-la exigiu 25 fornecedores em dezenove países.[10] Um triunfo para a ciência, para o desenvolvimento de medicamentos e para a gestão da cadeia de abastecimento.

Sistemas bem desenhados são *adaptativos*. Reconhecem ameaças (e oportunidades) emergentes e se adaptam de acordo com elas. Muitas empresas apresentam desempenho inferior ou fracassam porque se tornaram burocráticas ou isoladas demais, o que gera atrasos na detecção e na resposta ao surgimento de ameaças e oportunidades.

Para destacar como o design de sistemas pode ajudá-lo a tornar sua organização mais adaptativa, tenha em mente uma abordagem que formulei em conjunto com Amit S. Mukherjee, autor de *Leading in the Digital World*. O ponto de partida é fazer algumas perguntas básicas a si mesmo: Quais são os elementos imprescindíveis do sistema organizacional e como eles devem se conectar? Quais são os ciclos de feedback mais importantes? Quais são as consequências para o design da organização? Em seu livro, Mukherjee reforça que a base da adaptabilidade é a capacidade de *perceber as mudanças e responder a elas*. Não perceber as mudanças, ou não implementá-las com a rapidez necessária, impedirá que sua organização detecte ameaças perigosas ou oportunidades promissoras até que seja tarde demais.[11]

DETECTANDO AMEAÇAS

Vamos nos concentrar agora em como a sua organização percebe potenciais ameaças e responde a elas (embora ideias semelhantes se apliquem à identificação de oportunidades potenciais). A primeira coisa de que sua organização precisa é de um *subsistema de detecção de ameaças* que ressalte mudanças e identifique perigos latentes. Esse subsistema deve descobrir padrões relevantes e fazer a distinção entre sinais reais — que exigem ação — e mero ruído de fundo. Caso contrário, ou você deixará passar sinais essenciais e reagirá de forma insuficiente, ou verá sinais falsos e reagirá de forma exagerada.

Esse subsistema de extrema importância consiste em tudo o que a organização faz para mapear os ambientes externo (social, regulatório, competitivo) e interno (organizacional), reconhecer possíveis riscos e aumentar a conscientização acerca da necessidade de responder a eles. O RH se concentra no engajamento e retenção dos funcionários; os profissionais de relações governamentais se mantêm informados e atualizados sobre as novidades na área de regulação e legislação; equipes de comunicação externa monitoram as mídias sociais; estrategistas se concentram nas ações dos concorrentes, e assim por diante.

É provável que já estejam em vigor na sua organização diversos elementos de detecção de ameaças. No entanto, você deve avaliar se (1) cada elemento é tão eficaz quanto precisa ser no reconhecimento de padrões importantes e no fornecimento de feedback o mais rápido possível; (2) se esses inputs estão sendo integrados e interpretados da forma adequada; e (3) se não existem lacunas potencialmente perigosas no desempenho geral e na abrangência do subsistema.

Vez por outra sua organização é surpreendida por ameaças que não foram identificadas? Ou até foram, porém tarde demais? De tempos em tempos o subsistema de detecção de ameaças falha porque a surpresa é previsível, mas não identificável. Isso pode acontecer quando silos impedem a integração da informação e dos insights, ou quando os sistemas de incentivos motivam as pessoas a fazerem coisas erradas. Muitas empresas fracassam devido a surpresas previsíveis enraizadas em fragilidades do design organizacional.

Figura 3: Um subsistema de detecção de ameaças.

RESPONDENDO ÀS CRISES

É claro que há surpresas imprevisíveis ou acontecimentos fortuitos que não se podem prever. Quando graves, esses choques inesperados provocam crises às quais você e a empresa devem responder de forma eficaz. A capacidade de gerir crises é, portanto, um segundo subsistema crítico das organizações adaptativas, o mecanismo por meio do qual sua organização se mobiliza para agir a fim de mitigar possíveis danos. Muitas vezes, isso envolve um conjunto distinto de estruturas e processos organizacionais que tira a empresa do modo de "operações normais" e aciona o modo de "deflagração de guerra". Normalmente, isso significa implementar um controle mais centralizado de modo a assegurar respostas rápidas e coerentes. Bons sistemas de gestão de crises também têm recursos para uso imediato, como planos de resposta modulares que incluem protocolos de comunicação e roteiros já prontos para serem aplicados.[12] Bons sistemas de gestão de crises também devem ser modulares — por exemplo, protocolos para bloqueios ou evacuações de instalações.

APRENDENDO COM A EXPERIÊNCIA

Depois que sua organização passar por uma crise, você não deve simplesmente voltar à normalidade e retomar as atividades costumeiras; inicie um período de aprendizagem pós-crise. É necessário implementar disciplinas e processos para refinar e disseminar conhecimentos a fim de fortalecer os subsistemas de detecção de ameaças e gestão de crises da organização. Isso se assemelha ao processo de revisão pós-ação posto em prática pelo Exército dos Estados Unidos, no qual se exige dos comandantes cujas unidades tenham participado de combates que reflitam e aprendam. As informações resultantes são reunidas em um repositório chamado Centro de Lições Aprendidas no Exército, que ampara o treinamento de oficiais.[13]

Figura 4: Como um subsistema de detecção de ameaças
se conecta com um subsistema de gestão de crises.

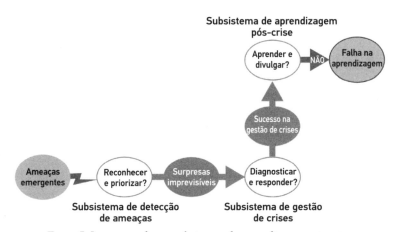

Figura 5: Incorporando um subsistema de aprendizagem pós-crise.

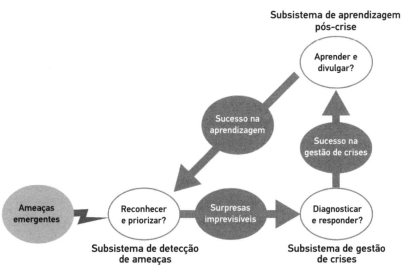

Figura 6: Como o conhecimento de um subsistema de aprendizagem
pós-crise serve de base para outros subsistemas dentro de uma organização.

PREVENINDO PROBLEMAS FUTUROS

Por fim, o que acontece quando o subsistema de detecção de ameaças da organização faz o trabalho como manda o figurino e identifica uma ameaça emergente? Até que ponto a empresa é capaz não apenas de perceber a iminência de problemas, mas também de responder de forma proativa a fim de evitar contratempos e prevenir crises? A organização precisa ter um subsistema de prevenção de problemas que atue *de forma proativa*, de modo a se livrar da necessidade de responder *de forma reativa* (pois um problema que poderia ter sido evitado acabou por se tornar uma crise).

Em resumo, para construir uma organização adaptativa capaz de identificar com eficácia o que está acontecendo em âmbito externo e interno e responder de imediato, seu sistema precisa ter quatro subsistemas distintos, mas interligados:

- *Detecção de ameaças:* Reconhecer e priorizar respostas a ameaças emergentes.
- *Gestão de crises:* Diagnosticar as surpresas geradoras de crises e responder a elas.
- *Aprendizagem pós-crise:* Refletir sobre as crises e divulgar as aprendizagens a fim de evitar problemas desnecessários no futuro.
- *Prevenção de problemas:* Mobilizar recursos e tomar medidas para evitar os impactos de ameaças que possam ser reconhecidas e priorizadas.

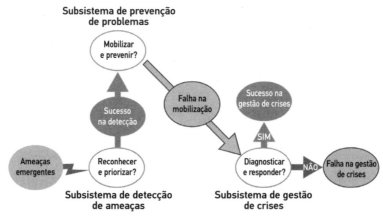

Figura 7: Incorporação de um subsistema de prevenção de problemas.

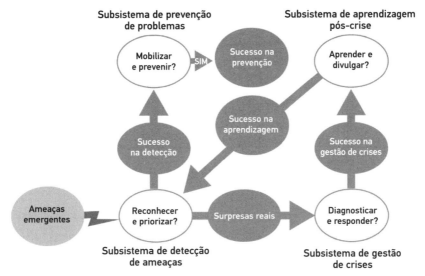

Figura 8: Os quatro subsistemas interligados.

Se esses subsistemas forem bem projetados e interagirem conforme o esperado, sua organização estará bem posicionada para prosperar em nosso mundo cada vez mais turbulento.

Embora tenhamos concentrado nossas atenções em torno de como sua organização deve lidar com as ameaças, você pode aplicar a mesma lógica para reconhecer oportunidades potenciais e responder a elas. Essa capacidade de enxergar oportunidades emergentes, em vez de apenas reagir aos problemas, é uma característica marcante dos legítimos pensadores estratégicos.

Para capitalizar as oportunidades, primeiro você precisa ser capaz de identificá-las. Então, se as oportunidades identificadas forem promissoras e urgentes, você deve rapidamente ir atrás delas. Aqui o sucesso pode torná-lo um líder de mercado entre seus concorrentes. Se seus esforços na busca por oportunidades — por exemplo, ao lançar um novo produto — fracassarem, você deseja que a organização aprenda com essas experiências. E, claro, é do seu interesse que a empresa procure e capitalize muitas pequenas oportunidades de melhoria como parte de suas operações normais.

Em última análise, ser um bom pensador estratégico significa desenvolver suas habilidades para (1) tirar proveito do reconhecimento de padrões e da análise de sistemas a fim de detectar desafios e oportunidades; (2) lidar com crises acarretadas por surpresas imprevisíveis; (3) aprender com essas experiências; e (4) refinar gradualmente sua capacidade de evitar que problemas aconteçam.

> Reflexão: Quais são as maiores oportunidades para sua organização no sentido de se tornar mais adaptativa? De que maneira você irá buscá-las?

QUAIS SÃO AS LIMITAÇÕES DA ANÁLISE DE SISTEMAS?

Os modelos de sistemas são úteis apenas quando captam as características e dinâmicas essenciais de um domínio. Isso é conhecido como *fidelidade* do modelo. Se a fidelidade de um modelo for baixa, ele carece de variáveis fundamentais ou não consegue apreender dinâmicas essenciais. Os modelos de sistemas são tão bons quanto as suposições que você inclui ao criá-los. Se o modelo for simplificado demais, poderá gerar previsões perigosas de tão erradas ou resultar em consequências indesejadas e potencialmente graves.

Portanto, é imprescindível reconhecer os limites. Bons modelos têm fortes correlações com os domínios que representam, mesmo que nunca consigam retratá-los com 100% de exatidão. Sua capacidade de fazer boas previsões depende de você dispor de informações precisas e completas e de obtê-las em tempo hábil. A mente humana prefere cadeias simples e lineares de causa e efeito. No entanto, os modelos lineares não funcionam bem quando a dinâmica do sistema é não linear ou tem pontos de inflexão. Da mesma forma, nossos modelos estão sujeitos a fracassar de maneira retumbante quando somos atingidos por acontecimentos inesperados.

Além disso, mudanças que não vemos são capazes de causar sérios problemas; um modelo defasado talvez seja pior do que modelo nenhum. Numa era de rápidas mudanças, estar atento à necessidade de atualizar ou descartar seus modelos é, portanto, essencial. Não se trata apenas de aprender novas informações, mas de *desaprender* totalmente os modelos obsoletos. Para começar, reconheça que o modelo antigo é incompleto ou ineficaz. Em seguida, encontre ou crie um modelo novo e atualizado que atenda melhor ao seu propósito. Por fim, desenvolva novos hábitos mentais e se empenhe para não voltar às antigas e obsoletas formas de pensar.

COMO VOCÊ PODE MELHORAR NA ANÁLISE DE SISTEMAS?

Assim como a maioria das coisas que valem a pena, tornar-se bom em análise de sistemas dá trabalho. Segundo uma estimativa, 95% da população mundial não consegue pensar em termos de sistemas porque está habituada a utilizar cadeias simples de causa e efeito para resolver problemas.[14] O fato de tão poucos conseguirem enxergar as situações como um todo ressalta a vantagem estratégica de que dispõem os pensadores sistêmicos. Muitos assimilam os fundamentos enquanto ainda estão em seu período de formação acadêmica, sobretudo se estudam engenharia ou ciências. Mas, mesmo que você não tenha essa instrução formal, não há problema. Você provavelmente já faz alguma modelagem de sistemas, mesmo que não a descreva nesses termos. Pense nos seus tempos de escola, quando aprendeu sobre o ciclo da água: evaporação, condensação, precipitação e transpiração. Em experimentos nas aulas de ciências, as crianças do ensino fundamental desenvolvem rapidamente capacidades de análise de sistemas.[15]

Definir os limites é o primeiro passo para a modelagem. Os limites são necessários para proporcionar clareza e reduzir a complexidade. Porém, se forem muito estreitos, corremos o risco de perder possíveis efeitos indiretos. Por outro lado, criar limites vastos demais também ocasiona problemas, como mascarar os insights mais relevantes em meio a uma profusão de dados. Não existe um enfoque único que seja aplicável a todas as situações. Os limites serão extremamente individualizados, a depender do problema em questão.

A etapa seguinte é mapear *o que* acontece, *por que* acontece e *como* acontece (A causa B, C causa A, e assim por diante). Esse mapeamento ajuda a entender o comportamento dos sistemas complexos, permitindo alterá-los com êxito. Uma excelente maneira de aprender a pensar em termos sistêmicos (e, assim, antever o futuro) é desenhar *diagramas de ciclo causal* que permitam visualizar de que maneira diferentes elementos estão conectados. Os diagramas aprofundarão sua compreensão e lhe permitirão testar melhor seus modelos mentais. Você também pode recorrer a ideias, opiniões, sugestões e comentários de colegas para questionar suas próprias suposições e tornar mais seus modelos rigorosos.

A terceira etapa é avaliar se o sistema tem fatores limitantes que possam ser abordados. Por exemplo, a liderança concordaria com um modesto investimento adicional para desenvolver a competência necessária? Em seguida, você precisará pensar em diferentes soluções e avaliar sua eficácia potencial por meio de simulações, experimentos ou protótipos. Após uma avaliação do seu provável sucesso, é hora de tomar uma decisão. Se a solução falhar, os pensadores estratégicos repetirão o mesmo processo até alcançarem o resultado desejado.

Fazer previsões confiáveis é incrivelmente difícil — se não impossível — num mundo de complexidade cada vez maior. Seu objetivo não deve ser prever todas as possibilidades futuras da empresa; a capacidade de avaliar a própria incerteza é mais importante no mundo volátil e ambíguo de hoje. Essa avaliação fornece uma perspectiva decisiva que fortalece sua intuição e o ajuda a fazer melhores escolhas.

Ao final, você aprimorará sua habilidade de analisar sistemas com a prática; simulações de negócios são ótimas ferramentas. Elas propiciam um ambiente complexo em termos de gerenciamento no qual você pode realizar experimentos com segurança e obter insights sobre relações de causa e efeito. E, ao contrário do mundo real, se não der certo na primeira vez você pode voltar atrás e tentar algo diferente.

RESUMINDO

A análise de sistemas é uma disciplina do pensamento estratégico que se fundamenta em suas habilidades de reconhecimento de padrões, permitindo gerenciar melhor a complexidade ao ajudá-lo a construir modelos simplificados dos domínios em que sua empresa atua. Modelar sua organização como um sistema permite pensar com maior precisão sobre os principais elementos e interações, além de diagnosticar melhor os problemas e projetar soluções. O capítulo a seguir analisa uma terceira disciplina que respalda a modelagem e ajuda a desenvolver estratégias: a *agilidade mental*.

CHECKLIST DA ANÁLISE DE SISTEMAS

1. Em seu negócio existem domínios que são complexos e difíceis de entender? Em caso afirmativo, modelá-los como sistemas seria útil?
2. Ver sua organização como um sistema o ajuda a compreender dinâmicas essenciais, diagnosticar problemas e impulsionar mudanças?
3. Ao pensar nos sistemas com os quais você está lidando, quais são os principais pontos de alavancagem, fatores limitantes e ciclos de feedback?
4. Você consegue tirar proveito da análise de sistemas para tornar sua organização mais adaptativa?
5. De que maneiras você pode aprimorar sua capacidade de aplicar a análise de sistemas em sua organização?

PARA SABER MAIS

A quinta disciplina: A arte e a prática da organização que aprende, de Peter M. Senge

The Art of Thinking in Systems: A Crash Course in Logic, Critical Thinking and Analysis-Based Decision Making, de Steven Schuster

Pensando em sistemas: Como o pensamento sistêmico pode ajudar a resolver os grandes problemas globais, de Donella H. Meadows

3. A disciplina da agilidade mental

Para ser um ótimo pensador estratégico, você precisará demonstrar agilidade ao lidar com as complexidades do seu negócio, ser capaz de absorver novas informações e se concentrar no que é mais relevante. O reconhecimento de padrões e a análise de sistemas estabelecem as bases para desenvolver estratégias sólidas e ajustá-las às novas circunstâncias. Você pode ampliar ainda mais essas habilidades dominando uma terceira disciplina: a *agilidade mental*. Trata-se da capacidade de repensar continuamente as melhores formas de contribuir para o avanço da sua organização em meio a incertezas, volatilidades e ambiguidades cada vez maiores.

A agilidade mental tem como base duas habilidades cognitivas que se complementam e potencializam. A primeira é a *mudança de nível*, a capacidade de avaliar cuidadosamente situações desafiadoras utilizando diferentes níveis de análise — enxergar a parte mas também o todo, antever desdobramentos futuros, compreender suas implicações presentes e se deslocar entre os diferentes níveis de forma fluida e intencional.

O segundo pilar da agilidade mental é *jogar o jogo*, que diz respeito à capacidade de se concentrar nos "jogos" em que sua empresa precisa entrar, antecipar as ações de outros participantes inteligentes e incluí-las em sua estratégia. Cada ação que você realiza suscita reações imediatas de clientes, fornecedores, concorrentes, órgãos reguladores e assim por diante. Se você estiver lançando um novo produto, de que modo seus concorrentes responderão? Se você adquirir outra empresa, quais objeções as agências reguladoras apresentarão? Como reagirá sua equipe de vendas se você introduzir um novo sistema de incentivos?

A combinação de mudança de nível e prática do jogo permite reconhecer as ameaças e oportunidades que surgem e responder a elas.

APRENDENDO A MUDAR DE NÍVEL

A mudança de nível é a capacidade de observar a mesma situação a partir de diferentes níveis de análise; enxergar as coisas com uma visão panorâmica e então descer aos mínimos detalhes antes de subir de novo. É um elemento essencial do pensamento estratégico. Gene Woods diz:

> Digo à minha equipe que precisamos ser "pensadores desde as nuvens até o chão". Você não pode elaborar uma estratégia sem saber o que está acontecendo na sua organização e sem discernir se isso irá permitir ou frustrar o que está tentando fazer. Em cada discussão estratégica com a minha equipe, costumo alternar várias vezes entre as nuvens e o chão.

Além disso, a mudança de nível nos permite pensar no agora e, ao mesmo tempo, enfocar o futuro — um imprescindível conjunto de habilidades. Um ex-líder de RH de uma instituição global de assistência médica explica:

> Quando você comanda uma empresa, tende a ser tragado pelas demandas do dia a dia, a ser sugado para dentro das minúcias. Você deve, portanto, ser capaz de manter uma parte substancial de seu pensamento focada no amanhã e em tomar decisões que ajudarão a empresa a atingir as metas estabelecidas para o futuro.

Além de permitir examinar desafios e oportunidades a partir de perspectivas múltiplas e complementares, a mudança de nível ajuda a esmiuçar todos os ângulos possíveis e a incorporar as opiniões de outras pessoas para tomar decisões melhores. Os grandes pensadores estratégicos se deslocam com fluidez entre diferentes patamares de análise. Eles são capazes de se aprofundar em um problema a fim de se assegurar de que os responsáveis pelos detalhes façam seu trabalho, e depois conseguem diminuir o zoom e observar a questão em toda a sua amplitude para refletir sobre ela.

Um pensador estratégico tem a habilidade decisiva de saber quando passar de um nível para outro. Nas palavras de Woods:

> Você precisa saber quando estar nas nuvens e quando estar no chão. Passe muito tempo com os pés no chão e você ficará preso num atoleiro de minúcias. Por outro lado, se estiver nas nuvens quando deveria estar no chão, não enxergará sua organização com a perspicácia necessária para dar consistência à estratégia. Portanto, você deve descobrir a altitude certa para navegar.

Se você não conseguir mudar de nível, é improvável que se torne um pensador estratégico de excelência. Como apontou Michael Parker, ex-CEO da Dow Chemical:

> Já vi pessoas talentosíssimas — gente com QI muito mais alto do que o meu — fracassarem como líderes. Elas falam de maneira brilhante e têm grande conhecimento. Mas, apesar de saberem muito a respeito de aspectos de alto nível, não fazem a menor ideia do que está acontecendo no detalhe da organização.[1]

À medida que você cultivar esse conjunto de habilidades e usufruir dele, tome o cuidado de levar as pessoas junto com você nessa jornada. Quanto mais rápidas forem as mudanças entre os níveis, maior será a probabilidade de você confundir os membros da sua equipe. Uma alta executiva da indústria farmacêutica recém-nomeada ao cargo afirmou que alguns dos seus funcionários estavam sofrendo de um verdadeiro efeito de "chicotada mental" devido a rápidas mudanças em seu "poder de ampliação". Ter a capacidade de mudar de nível foi essencial para assegurar seu sucesso. Ela era hábil em elaborar visão e estratégia, mas precisava entender também as minúcias dos medicamentos fabricados pela empresa e os mais ínfimos pormenores sobre os pacientes que poderiam se beneficiar, bem como sobre os médicos que os prescreveriam. Acontece que sua equipe simplesmente não conseguia acompanhar suas mudanças de um nível de análise para outro. "Eu aprendi", disse a executiva, "que preciso sinalizar quando estou fazendo uma mudança."

> Reflexão: Até que ponto você é bom em mudar de nível? Você tende a ficar perdido nas nuvens, observando o panorama, ou fincado ao chão, atolado nos detalhes?

PRATICANDO (E VENCENDO) JOGOS

A dimensão da prática do jogo da agilidade mental está enraizada na teoria dos jogos, também conhecida como a ciência da estratégia. Trata-se de traçar estratégias para jogar e vencer os jogos que influenciam o sucesso do seu negócio. Esses jogos envolvem participantes inteligentes, como os concorrentes, que fazem movimentos e contra-ataques à medida que, assim como você, buscam avançar seus objetivos e suas pautas de prioridades e interesses. Segundo Woods,

> liderar uma empresa é como disputar muitas partidas de xadrez ao mesmo tempo. No ambiente externo do seu negócio, entre os outros participantes estão políticos, membros de órgãos reguladores, concorrentes e clientes. Alguns deles você controla, alguns você pode influenciar e outros são agentes livres que não estão sob a autoridade de ninguém. Mas as peças nunca ficam paradas.

Via de regra, os jogos que as empresas praticam abrangem cooperação para criar valor e competição para capturar valor. A criação de valor nos jogos acontece quando você constrói alianças com outros jogadores que buscam objetivos complementares. Um exemplo clássico é uma associação industrial cujos membros procuram moldar a regulamentação de forma que ela seja boa para todos (ainda que, volta e meia, segmentos no âmbito dessas associações procurem coisas um pouco diferentes).

A captura de valor, em contrapartida, acontece sempre que os jogadores competem entre si a fim de obter as maiores fatias de algum bolo com valor econômico. Um exemplo são os concorrentes em setores de atividade de baixo crescimento que se esforçam para maximizar seus lucros. Geralmente a competição é por preços e marketing. Contudo, mesmo em segmentos muito competitivos ainda é possível haver alguma cooperação implícita (e legal) entre empresas. Por exemplo, elas podem resistir à iniciativa de deflagrar guerras de preços que corroem a rentabilidade de todos.

Portanto, os pensadores estratégicos devem:

- avaliar que tipos de jogos estão jogando;
- descobrir quem são os outros jogadores e quais são seus interesses;

- identificar oportunidades para criar valor por meio da cooperação e para capturar valor por meio da concorrência;
- elaborar suas estratégias de forma adequada.

APLICANDO CONCEITOS DA TEORIA DOS JOGOS

A teoria dos jogos tem uma base matemática que vem sendo aplicada com vigor — muitas vezes com o respaldo de análises sofisticadas — em problemas de negócios, a exemplo da precificação dinâmica de assentos em companhias aéreas. Contudo, muitas decisões de negócios do mundo real (ainda) não podem ser modeladas de forma matemática. Independentemente disso, os princípios da teoria dos jogos são flechas indispensáveis na aljava do pensador estratégico.

Para ilustrar o poder desses princípios, tenha em mente a maneira como você pode usar ideias da teoria dos jogos para desenvolver suas estratégias. A primeira ideia — a *vantagem de ser o primeiro* ou a *vantagem do primeiro movimento* — vem da análise de jogos clássicos de estratégia, como o xadrez, em que os jogadores movimentam as peças sequencialmente e cabe a alguém fazer a manobra inicial. Ser o primeiro em um jogo dá uma vantagem a esse jogador? A resposta no xadrez é "sim". Os investigadores concluíram que numa disputa entre dois enxadristas igualmente capazes, o jogador que faz o primeiro movimento tem uma vantagem inerente; as estatísticas compiladas comprovam uma taxa de vitórias estimada entre 52% e 56% de todas as partidas.[2]

No mundo dos negócios, a vantagem do primeiro movimento em geral se refere a quem toma logo a iniciativa de entrar em um novo mercado e, ao fazê--lo, captura mais valor do que os concorrentes por meio de receitas e lucros maiores ao longo do tempo.[3] Trata-se de uma fonte potencial de poder em qualquer jogo no qual a ordem de ação é importante e em que ser o primeiro a agir traz uma vantagem sobre o adversário. Quando um setor de atividade se torna maduro para a consolidação, por exemplo, é comum que as empresas que prosperam sejam as primeiras a agir para fazer as aquisições mais atraentes. O que daí se depreende é o seguinte: é essencial reconhecer cedo quando estamos disputando um jogo no qual dar o primeiro passo é vantajoso.

Isso nos leva de volta à importância de reconhecer padrões. Dentro da organização, às vezes você conquista poder de influência sendo o primeiro a revelar e enquadrar os problemas. Os processos de tomada de decisões são como rios: grandes decisões para resolver problemas são fortemente moldadas por processos anteriores que ajudam a encontrar alternativas e a avaliar custos e benefícios. Quando o problema e as opções são definidos, o rio já está fluindo, caudaloso, no seu canal — e a consequente escolha pode ser uma conclusão precipitada. Um exemplo correlato no micronível é o imenso poder que pode emanar daqueles que reúnem e organizam grupos para trabalhar em agendas de interesse mútuo.

É claro que ser o primeiro a agir nem sempre é a melhor estratégia. Vez por outra, compensa mais ser um seguidor ágil do que o pioneiro. Imagine, por exemplo, que você comanda o setor de Pesquisa e Desenvolvimento (P&D) de uma empresa farmacêutica e exista uma nova tecnologia analítica com o potencial de acelerar drasticamente as fases iniciais da descoberta de medicamentos. No entanto, o investimento necessário é substancial, e a probabilidade de que essa nova tecnologia não cumpra sua promessa é significativa. Você pode ou investir na construção de capacidade agora (tomando a iniciativa inovadora), e potencialmente colher o benefício competitivo, ou esperar para ver o que acontece à medida que as startups desenvolvem a tecnologia e, no futuro, adquirir uma dessas empresas ou contratar pessoas para desenvolver a capacidade já comprovada (tornando-se, assim, um seguidor ágil).

Em muitos jogos, os jogadores não conseguem ou não desejam se comunicar diretamente e, em vez disso, escolhem métodos de *sinalização* indireta. Na maioria dos lugares, é ilegal que concorrentes conspirem para determinar preços na tentativa de controlar um mercado. No entanto, é possível muitas vezes que as empresas decidam aumentar ou diminuir os preços e enviar sinais aos concorrentes.

Para ilustrar, comecemos com um setor de atividade num estado de *equilíbrio estável*, outro importante conceito da teoria dos jogos. Equilíbrio significa que nenhum dos participantes tem incentivo para divergir de suas estratégias de criação e captura de valor vigentes.[4] Vamos imaginar que os concorrentes tenham participações de mercado e lucros aproximadamente estáveis, calcados em estratégias de preços e de desenvolvimento de produtos que conservem o equilíbrio. Suponhamos ainda que esse equilíbrio é estável porque as divergências de qualquer um dos participantes (por exemplo, tentativas de aumentar sua cota de mercado por meio da redução de preços) são efetivamente punidas.

Agora, suponhamos que a inflação aumente de repente, fazendo com que a elevação dos preços das matérias-primas e da mão de obra diminua os lucros de todas as empresas do setor. A resposta óbvia é que todos aumentem seus preços. A questão é: Quem será o primeiro? E qual será a reação dos concorrentes? O risco, logicamente, é que se a Empresa Alfa aumentar seus preços, talvez a Empresa Beta decida não seguir o exemplo, na esperança de abocanhar uma fatia do mercado. Assim, a Empresa Alfa poderia sinalizar sua intenção aumentando os preços apenas numa categoria de produtos, a fim de pagar para ver se a Empresa Beta segue o exemplo. Se isso acontecer, a Empresa Alfa poderá aumentar os preços de forma mais ampla e levar a indústria a um novo equilíbrio estável.

Conforme mencionamos, a sinalização é uma forma de impedir outros jogadores de fazerem movimentos indesejáveis. Para continuarmos com o exemplo dos preços, suponha que a Empresa Beta decida por sua própria conta reduzir os preços de uma importante categoria de produtos, com o intuito de roubar participação da Empresa Alfa; esta, por sua vez, sinaliza sua disposição de prejudicar a rentabilidade global de todo o setor fazendo cortes de preços ainda mais agressivos. Ao suscitar o espectro de uma guerra de preços mutuamente destrutiva, a Empresa Alfa poderia dissuadir a Empresa Beta, *contanto que a ameaça fosse considerada plausível.*

Por fim, a sinalização é uma forma de assumir compromissos irreversíveis e, potencialmente, prevenir movimentos indesejáveis de outros jogadores. Trata-se de outra forma da vantagem do primeiro movimento. Imagine que você comanda uma grande fabricante de veículos elétricos. Embora tenha construído uma sólida e bem-sucedida posição por ter chegado antes de todos ao mercado, agora você enfrenta uma crescente concorrência tanto de montadoras já estabelecidas quanto de startups financiadas por fundos de investimento.

Projetar e produzir veículos elétricos exige um substancial investimento inicial, que outros participantes do mercado só farão se considerarem os riscos aceitáveis. Então, você anuncia sua intenção de construir imensas instalações para fabricar baterias. Em seguida, ratifica seu compromisso adquirindo um terreno para a fábrica, buscando aprovações preliminares junto aos órgãos regulatórios e assinando contratos com os principais fornecedores. Se tiver êxito na tentativa de convencer os demais participantes de que está irreversivelmente empenhado nesse plano de ação, você conseguirá alterar as avaliações que os envolvidos fazem da relação risco-benefício, de modo a dissuadi-los de investirem eles próprios.

Além de decidir se e como fazer o primeiro movimento (ou enviar sinais), a teoria dos jogos se concentra em definir a melhor combinação de movimentos nos jogos que você joga — o que é conhecido como *sequenciamento*. Suponha, por exemplo, que você comande uma unidade de negócios e esteja tentando obter o apoio dos tomadores de decisões corporativos para fazer uma aquisição significativa. É quase certo que haverá processos para avaliar e examinar possíveis acordos. Mas também é essencial obter apoio político para sua pauta de prioridades. Portanto, você deve pensar de forma estratégica sobre quem são os principais tomadores de decisões e quem mais terá influência em como eles pensarão. Em seguida, você identifica uma sequência promissora para conversar com as partes interessadas. Ao fazer isso, seu objetivo é criar impulso nas direções desejadas. Conseguir a participação de uma pessoa decisiva ajuda a obter o apoio de outros envolvidos. À medida que sua base se alarga, a probabilidade de sucesso aumenta, tornando ainda mais fácil angariar mais apoiadores.

Nesse exemplo, você não está jogando contra um oponente. Na maioria dos jogos importantes, porém, existem outros jogadores inteligentes com quem você pode cooperar para criar valor e contra os quais competir para capturar valor. Nessas situações, você deve ponderar sobre como os outros irão reagir às suas ações.

Conforme ilustrado a seguir, as árvores de jogo[5] são valiosas para esclarecer o sequenciamento. Imagine que você está cogitando a ideia de aumentar o preço de um produto em relação ao qual enfrenta um grande concorrente — e você é o líder de mercado. Você precisa decidir se deseja anunciar um aumento de preço. Antes de tomar essa decisão, entretanto, é necessário antecipar a maneira como seu concorrente poderá responder. Talvez ele resolva não mexer nos preços, ou talvez aplique o mesmo aumento. Você precisa avaliar qual dessas ações tem maiores chances de ocorrer e então ponderar sobre o que faria em qualquer um dos dois cenários. Você calcularia as probabilidades das ações do concorrente — suponha que você julgue que são idênticas as chances de ele seguir seu exemplo ou de fazer exatamente o contrário; portanto, a probabilidade de cada escolha é de 50% (ou 0,5). Você precisaria então avaliar os benefícios potenciais de o concorrente agir da mesma forma que você em termos de aumento de lucros e dos custos potenciais de não fazer isso em termos de perda de participação de mercado.

Isso está representado na árvore a seguir. Ao traçar a sequência de movimentos e contramovimentos, você deve selecionar a sequência que maximiza o *valor esperado* para a sua empresa.

Neste caso, como você avaliou as probabilidades de 50% para as ações do seu concorrente, o valor esperado de aumentar seu preço é positivo se o benefício de a concorrência também fazer isso for maior do que o custo caso a concorrência não o aumente. Valor esperado = 0,5 × Benefício + 0,5 × Custo. Isto é > 0 se Benefício > Custo.

Você pode desenvolver estratégias de sequenciamento começando onde está e, a partir daí, traçar um caminho até onde deseja chegar, levando em consideração as reações potenciais dos outros jogadores. A *indução retroativa*, por outro lado, consiste em olhar adiante no tempo a fim de obter clareza sobre onde você deseja estar e, em seguida, raciocinar do final para o começo e então definir qual é o melhor primeiro passo possível. Os melhores jogadores de xadrez olham para o final do jogo, imaginando como querem estar posicionados, e depois raciocinam de trás para a frente até definir o melhor plano para chegar lá.[6]

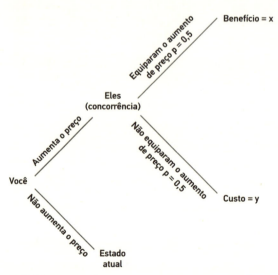

Figura 9: Uma árvore de jogo para cogitar um aumento de preços.

O *planejamento de era* é uma disciplina análoga que se baseia na lógica da indução retroativa. O primeiro passo é definir a duração da era: até onde você deseja olhar adiante. Nestes tempos turbulentos, é irrealista pensar que se pode planejar com um horizonte de mais de dois ou três anos. E, é lógico, os planos podem ter de mudar drasticamente em meio a convulsões substanciais, como uma pandemia, guerra e eventos climáticos graves (ainda que, conforme vimos no capítulo 2, seja importante antecipar ameaças e desenvolver planos de alto nível para lidar com elas).

Uma vez estabelecida a data-limite para o planejamento de era, o passo seguinte é olhar duas dimensões: o que será verdade e o que será possível. Imagine que você está planejando o desenvolvimento da sua carreira pelos próximos três anos. Você acabou de assumir o cargo de líder de vendas e marketing em uma empresa de médio porte e espera permanecer nesse cargo por três anos.

A dimensão "o que será verdade" diz respeito ao que você terá realizado nessa posição ao fim dos três anos. Para chegar a esse resultado, concentre-se no que deseja que seja o seu legado. Em seguida, aplique a lógica da indução retroativa para definir o que você precisa fazer nos próximos seis meses de modo a estabelecer as bases para alcançar esses objetivos.

A dimensão "o que será possível" gira em torno do que você fará agora no sentido de desenvolver opções para o que fará a seguir. O ponto de partida é identificar um mínimo de três e um máximo de cinco futuros potenciais. Procure ser o mais claro e preciso possível quanto a essas opções. Algumas podem ser extensões naturais do que você está fazendo agora — por exemplo, tornar-se CEO da empresa onde trabalha atualmente. Mas é bom desenvolver opções ambiciosas, ousadas ou "fora da caixa" — por exemplo, abrir sua própria empresa. Tal como acontece com a dimensão "o que será verdadeiro", você aplica então a lógica da indução retroativa para definir como construirá pontes e criará opções a fim de concretizar esses futuros potenciais.

Você pode aplicar esse tipo de lógica de planejamento de era/indução retroativa para desenvolver a estratégia do seu negócio. E você faz isso:

- estabelecendo seu horizonte de planejamento;
- olhando para o futuro, para "o que será verdade" e "o que será possível";
- raciocinando de trás para a frente, do final para o começo, sobre o que você precisa fazer no curto prazo a fim de estabelecer as bases para alcançar esses objetivos.

Essa abordagem também o ajudará a elaborar uma visão para o seu negócio, tema que analisaremos a fundo no próximo capítulo.

> Reflexão: Até que ponto você é bom em pensar em ações e reações nos jogos que você e sua organização precisam jogar?

DE QUE MANEIRA É POSSÍVEL DESENVOLVER A AGILIDADE MENTAL?

Embora a agilidade mental pareça um dom inato, é possível melhorá-la com a prática. O aprimoramento da capacidade de mudar de nível começa com o reconhecimento do que se trata, de por que é essencial e de como é possível melhorá-la. Lembre-se de que sintetizamos numa fórmula a capacidade de **pensamento estratégico (CPE): dom + experiência + exercício.** Com sorte e se tudo der certo, você terá ou poderá ter experiências que o ajudarão a ver o poder da mudança de nível em ação, talvez trabalhando com pensadores estratégicos já consagrados. Além disso, o ponto principal é praticar exercícios rigorosos e regulares para construir um hábito mental de mudança de nível. Você faz isso por meio da observação consistente das situações com as quais está lidando, e deve se esforçar para combinar essa tarefa com doses de trabalho a fim de desenvolver suas habilidades de análise de sistemas. Sempre que se concentrar em um problema ou decisão, faça uma pausa e pergunte a si mesmo: "Pensar sobre isto em termos sistêmicos ajuda a esclarecer dinâmicas importantes?". Em caso afirmativo, alterne-se entre olhar para o sistema como um todo e se aprofundar em elementos e interconexões específicos. Ao fazer isso, tome cuidado com as tendências de permanecer em um nível alto demais ou, ao contrário, se atolar em minúcias. Quando isso acontecer, procure ser firme e levar a si mesmo e aos outros para um nível diferente.

Você pode empregar a mesma abordagem básica para desenvolver sua própria capacidade — e a de sua equipe — de enxergar as coisas a partir de perspectivas atuais e futuras. É natural mirar o futuro próximo. Portanto, imponha a si mesmo a disciplina para perguntar: "Como estará essa situação daqui a um mês, seis meses, um ano?". E, em seguida: "Observar as coisas de uma perspectiva futura ajuda a pensar sobre o que precisa ser feito agora?". Dessa maneira, mudança de nível "agora versus futuro" se conecta à dimensão da agilidade mental da prática do jogo.

Estratégias semelhantes ajudam a desenvolver sua habilidade de jogar. Trabalhe para desenvolver sua capacidade de antecipar ações e reações. Pense assim: se fizermos A, eles provavelmente farão B, e se fizermos X, eles farão Y. Para cada cadeia de ação e reação, observe alguns movimentos e depois trabalhe de trás para a frente, do final para o começo, de modo a decidir quais são os melhores passos.

Além de exercitar os músculos mentais, algumas outras coisas ajudam a desenvolver sua agilidade mental. Praticar jogos como xadrez — mesmo que apenas vez ou outra, contra oponentes virtuais em seu telefone — ajuda a internalizar a disciplina de pensar por meio de ação e reação. Jogos de cartas competitivos são outra oportunidade para aprimorar sua capacidade de pensar em movimentos e contra-ataques. Se tiver a oportunidade, cogite a possibilidade de disputar jogos on-line, pois isso o ajudará a sintonizar o poder da sinalização. No bridge, cada rodada começa com uma equipe (quatro jogadores, em duas duplas) trocando sinais sobre o poder da sua mão e o que acreditam que podem realizar juntos em um processo de leilão.

Para lidar com situações mais complexas ou se envolver no pensamento estratégico com equipes, o planejamento de cenários é uma poderosa abordagem para olhar adiante e antecipar futuros potenciais. O objetivo de planejar cenários hipotéticos é ampliar seu escopo para levar em consideração todas as possíveis conjunturas. Isso o torna mais consciente das ameaças e oportunidades da sua organização, permitindo que formule estratégias robustas para enfrentar mudanças significativas na paisagem externa.

Se você almeja desenvolver as capacidades de pensamento estratégico da sua equipe, cogite a ideia de organizar um workshop sobre planejamento de cenários hipotéticos. Esse tipo de exercício abre caminho para o diálogo dentro da equipe sobre futuros possíveis e suas consequências. Avalie a possibilidade de incluir, além dos integrantes da equipe, outras pessoas que tragam conhecimentos e pontos de vista relevantes para as discussões sobre os rumos da empresa. Isso ajuda a catalisar a criatividade e a inovação.

REALIZAR UM WORKSHOP SOBRE PLANEJAMENTO DE CENÁRIOS HIPOTÉTICOS

No livro *Scenario Thinking*, George Wright e George Cairns descrevem um processo de oito etapas para organizar um workshop sobre cenários hipotéticos:[7]

1. Defina as principais questões sobre o futuro e estabeleça um cronograma de trabalho. Aqui, pode ser útil entrevistar as partes interessadas de modo a compreender o contexto mais amplo em torno das questões.
2. Determine as forças externas que impulsionam as mudanças no cenário estratégico — primeiro no nível individual, para tirar proveito do maior número possível de perspectivas, depois no nível de grupo, para esclarecer os pontos-chave.
3. Agrupe essas forças motrizes a fim de ajudar o cérebro a elaborar com maior facilidade a grande quantidade de ideias. Ao descobrir as ligações entre as forças, é possível visualizar melhor a maneira como cada uma delas impacta o resultado das outras.
4. Defina dois resultados extremos, mas possíveis, para cada grupo de forças, e em seguida determine o grau relativo de impacto na questão central.
5. Avalie o grau de incerteza em relação a esses resultados e ponha à prova se são independentes uns dos outros — se não forem, combine-os num único fator para alargar o leque de possibilidades.
6. Faça um teste de realidade dos resultados em busca de lacunas na lógica, escala e informação para confirmar se ainda fazem sentido.
7. Agrupe os resultados nas categorias de "cenário mais favorável possível" e "na pior das hipóteses"; construa a substância dos cenários hipotéticos e incite discussões críticas a fim de elucidar os futuros mais plausíveis.
8. Desenvolva esses cenários hipotéticos na forma de histórias, incluindo eventos-chave, estrutura cronológica e "quem e por que" do que acontece.

O objetivo é avaliar os fatores externos do ambiente de negócios e identificar de forma mais clara as ameaças e oportunidades. A partir daí, os líderes podem pesar os pontos fortes e fracos de suas organizações em relação ao cenário.

Se você decidir organizar um workshop, se comprometa a encontrar maneiras de aprofundar o diálogo. Uma forma potencialmente produtiva é criar subgrupos para debater alternativas e chegar a um consenso sobre soluções. Esse processo é conhecido como *investigação dialética*. Outra abordagem, chamada de *fazer o papel de advogado do diabo*, envolve instigar um grupo a propor um plano de ação e outro a fazer uma análise crítica de todos os elementos.

A encenação é outra maneira poderosa de antecipar ação e reação por meio da simulação das interações entre os participantes de um jogo. O especialista em marketing Scott Armstrong constatou que essa tática se mostra muito eficaz para fazer previsões precisas quando o cenário é o mais próximo possível da situação real. Note que é útil encenar as interações de todas as partes interessadas — concorrentes, clientes, órgãos reguladores e assim por diante —, pois isso aprimora a precisão das previsões.

RESUMINDO

A agilidade mental é a capacidade de alternar entre diferentes tarefas, mudar o foco e pensar com flexibilidade. Em termos de pensamento estratégico, define a capacidade de mudar de nível e a habilidade de jogar o jogo. A mudança de nível é a habilidade de observar uma mesma situação em diferentes pontos de análise e de se deslocar com fluidez entre eles. Jogar o jogo diz respeito a aprender a avaliar e vencer os desafios mais importantes que sua empresa precisa enfrentar com os concorrentes. Em conjunto, essas ferramentas o ajudam a adquirir uma compreensão mais aprofundada e a desenvolver estratégias de negócios. O capítulo a seguir examina cuidadosamente a quarta disciplina do pensamento estratégico: a *resolução estruturada de problemas*.

CHECKLIST DA AGILIDADE MENTAL

1. Em que momento é mais importante analisar as dificuldades e oportunidades da sua organização a partir de múltiplas perspectivas ou níveis de análise?

2. Você conhece alguma pessoa em posição de liderança que seja excelente em mudança de nível? O que pode aprender com ela?

3. Que exercícios você pode fazer para desenvolver e aperfeiçoar suas habilidades de mudança de nível?

4. Quais são os jogos mais importantes de que sua organização precisa participar a fim de gerar e obter valor?

5. De que maneira os conceitos da teoria dos jogos — vantagem do primeiro movimento, sinalização, equilíbrio, sequenciamento e indução retroativa — podem ajudar você a desenvolver melhores estratégias?

6. Quais são seus planos para melhorar na prática do jogo (por exemplo, realizar exercícios de planejamento de cenários hipotéticos)?

PARA SABER MAIS

A arte da estratégia: A teoria dos jogos como guia para o sucesso na vida e nos negócios, de Avinash K. Dixit e Barry J. Nalebuff

Game Theory 101: The Complete Textbook, de William Spaniel

4. A disciplina da resolução estruturada de problemas

Nos três primeiros capítulos, investigamos a fundo as três disciplinas do pensamento estratégico que nos ajudam a reconhecer e priorizar. O reconhecimento de padrões nos capacita a identificar o que é realmente importante. A análise de sistemas ajuda a construir modelos simplificados de domínios complexos,

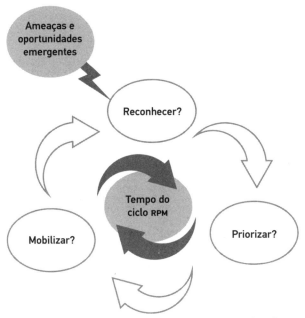

Figura 1: O ciclo reconhecer-priorizar-mobilizar (RPM).

ampliando nossas habilidades de reconhecer padrões. A agilidade mental nos permite enxergar as dificuldades e oportunidades sob diferentes perspectivas e pensar em ações e reações.

Os próximos três capítulos o ajudarão na parte da mobilização do ciclo reconhecer-priorizar-mobilizar (RPM) diante de ameaças e oportunidades. A resolução estruturada de problemas ajuda a pensar sistematicamente sobre eles e a desenvolver soluções potenciais. A disciplina do visionarismo o habilita a identificar futuros desejáveis e motivar sua organização a concretizá-los. E a astúcia política permite navegar no jogo da política interna e externa e construir alianças para implementar soluções.

Vamos começar com a resolução estruturada de problemas, uma abordagem sistemática que divide questões em etapas distintas: identificar as principais partes interessadas, enquadrar o problema, gerar soluções potenciais e avaliar, selecionar e implementar a melhor delas. Para lidar com os desafios e oportunidades, os pensadores estratégicos devem encabeçar processos de resolução de problemas que proporcionem estrutura e, ao mesmo tempo, incentivem a criatividade. Quando a resolução de problemas se torna estruturada em demasia, há o risco de que perspectivas valiosas nunca venham à tona, e pode ser que as soluções criativas jamais se revelem.

O QUE SÃO PROBLEMAS E DECISÕES?

Para que a resolução estruturada de problemas seja eficaz, é essencial compreender os termos "problema" e "tomada de decisões". A palavra "problema" tem quase sempre conotações negativas, evocando ameaças em vez de circunstâncias oportunas. No entanto, seja enfrentando ameaças ou oportunidades, a melhor abordagem é essencialmente a mesma. Daí a necessidade de ampliar a definição de "resolução de problemas" de modo a abarcar tanto as boas como as más notícias. A "tomada de decisões", por sua vez, envolve escolher uma solução para o problema a partir de um conjunto de opções mutuamente exclusivas, aplicando critérios de avaliação e fazendo concessões para escolher uma opção em detrimento de outra. A resolução estruturada de problemas é o processo de desenvolver soluções que evitam a perda de valor ao neutralizar ameaças e criam valor ao capitalizar oportunidades.

> Reflexão: Quais são os problemas mais importantes que você e sua equipe precisam resolver hoje? Que abordagens você normalmente adota para enfrentar esses tipos de dificuldade?

O QUE HÁ DE DIFÍCIL NOS "PROBLEMAS GRANDES E PERVERSOS"?

Escolher onde almoçar é um problema recorrente e de consequências irrisórias. No entanto, os problemas de alto risco que sua organização enfrenta são outros quinhentos. Muitas vezes, os problemas graúdos, em que há muita coisa em jogo, são novos e estão longe de ser simples. Essa combinação de novidade e complexidade influencia imensamente os processos de resolução de problemas e a maneira como você deve regê-los.

Você já lidou com problemas rotineiros muitas vezes no passado. Toda vez que esse tipo de situação surge, você encontra soluções em procedimentos já desenvolvidos e estabelecidos; não há a necessidade de raciocínio muito sofisticado nem de lances de criatividade. Em contrapartida, quando os problemas são novos, você não pode recorrer ao procedimento-padrão. Em muitos casos, nem sequer fica claro qual é exatamente "o problema". Nessas circunstâncias, definir o problema (o que também é conhecido como *formulação do problema*, *localização do problema* e *enquadramento do problema*) é uma fase essencial do processo. Eu costumo utilizar a expressão "enquadramento do problema".

Para agravar ainda mais o desafio, na maioria dos casos os problemas mais importantes que sua organização enfrenta hoje em dia são "perversos", isto é, complicados e cada vez mais difíceis de gerenciar, apresentando alguma combinação dos fatores CUVA (complexidade, incerteza, volatilidade e ambiguidade). Recapitulando:

- *Complexidade* significa que os problemas da sua organização surgem em sistemas com muitos elementos e interdependências. Isso dificulta a tarefa de descobrir relações de causa e efeito, prever o que irá acontecer e identificar pontos de alavancagem. *Para resolver problemas complexos, é necessário investir na construção dos melhores modelos de sistemas possíveis.*
- *Incerteza* significa que você precisa trabalhar com probabilidades e avaliações de risco ao determinar soluções potenciais e fazer concessões ao escolher uma opção em detrimento de outra. Isso é especialmente

complicado quando outras partes diferem em suas avaliações de probabilidades e preferências de risco, podendo chegar a conclusões divergentes quanto à "melhor" solução. *Para resolver problemas face à incerteza quando há múltiplas partes envolvidas, é útil estabelecer uma base consensual para avaliar soluções e fazer escolhas em termos de probabilidades e apetite ao risco.*

- *Volatilidade* significa que a gravidade de um problema pode mudar de repente, para melhor ou para pior. E questões ainda mais importantes podem surgir sem aviso prévio. *Quando a volatilidade é elevada, a organização deve ser capaz de perceber mudanças e reavaliar rapidamente as prioridades para a resolução de problemas.*
- *Ambiguidade* significa que não existe consenso entre as partes interessadas acerca de qual é "o problema", ou mesmo se existe algum. Pode significar também que não há consenso quanto ao conjunto de soluções potenciais e critérios utilizados para analisá-las. *Em cenários de ambiguidade, você deve negociar entre perspectivas potencialmente antagônicas e educar as partes interessadas para se alinharem quanto ao enquadramento do problema e aos critérios de avaliação.*

O impacto combinado do CUVA pode fazer com que seus problemas pareçam ingerenciáveis, o que torna essencial a utilização de um processo estruturado de resolução de problemas. Portanto, concentre-se em desenvolver a habilidade de liderar processos capazes de resolver problemas de alto CUVA. Se você conseguir fazer isso com eficácia, obterá uma vantagem competitiva — para você e sua organização.

> Reflexão: Pense em um problema importante que sua organização precisa enquadrar e resolver. Qual dos fatores CUVA está ocasionando as dificuldades mais significativas? Quais são as consequências disso?

LIDERANÇA EM PROCESSOS ESTRUTURADOS DE RESOLUÇÃO DE PROBLEMAS

São conhecidos de longa data os esforços para conceituar a capacidade humana de resolução de problemas. Em 1910, o filósofo estadunidense John Dewey publicou *Como pensamos*, um manual sobre o pensamento crítico que detalhava cinco fases da investigação intelectual: reconhecer um problema, definir o problema, formular uma sugestão de solução, refinar a sugestão e testá-la.

Isso fica mais complicado no contexto organizacional. O processo, portanto, tende a ser um esforço coletivo. Além disso, a implementação de "soluções" costuma envolver uma considerável mobilização de recursos. Assim, em alguns aspectos fundamentais a resolução de problemas organizacionais diverge do simples e direto processo de investigação intelectual de Dewey.

Vamos supor que você reconheceu o surgimento de um problema significativo, priorizou-o e agora deseja mobilizar recursos para enquadrá-lo e resolvê-lo. Qual deve ser a estratégia para fazer isso? Conceitue a resolução de problemas nas cinco fases demonstradas a seguir. Para cada uma, há perguntas que ajudarão a orientá-lo sobre o que fazer.

Fase 1: Definir funções e comunicar o processo

- Quem deve estar envolvido no processo de resolução do problema, e em que funções?
- Como você deve comunicar o processo, e quais são as consequências?

Fase 2: Enquadrar o problema

- De que forma você pode definir o problema como uma questão específica a ser investigada?
- Que critérios serão utilizados para avaliar se as potenciais soluções são adequadas?
- Quais são os maiores obstáculos que você acha que precisará superar?

Fase 3: Analisar minuciosamente soluções potenciais

- O que constituiria um conjunto completo de soluções potenciais promissoras?
- Que estratégia você utilizará para identificar ou desenvolver as diferentes opções?

Fase 4: Decidir qual é a melhor opção

- Levando em conta seus critérios de avaliação, qual é a melhor opção para resolver o problema?
- Como você lidará com quaisquer incertezas significativas?

Fase 5: Comprometer-se com um plano de ação
- Que recursos precisam ser mobilizados para implementar a solução?
- O que precisa ser feito, e quem se encarregará disso?

Depois de "resolver" um problema significativo e se comprometer com um caminho futuro, você precisará enquadrar e resolver questões adicionais. É por isso que nosso processo de cinco fases é mostrado como um ciclo na Figura 10 a seguir. Muitas vezes, o sucesso na conclusão de um ciclo gera mais problemas a resolver.

No meio da figura há um lembrete de que você deve se esforçar para equilibrar as duas metades do cérebro: a dimensão esquerda é mais estruturada, ao passo que a direita é mais criativa. A criatividade desempenha um papel relevante em todas as cinco fases do processo, mas dispor de uma estrutura é essencial do início ao fim.

> Reflexão: De que maneira você se empenha na resolução estruturada de problemas? Quais são os pontos fortes e fracos da sua abordagem atual?

Para ilustrar a resolução estruturada de problemas em ação, voltemos ao trabalho de desenvolvimento de estratégia que Gene Woods empreendeu logo

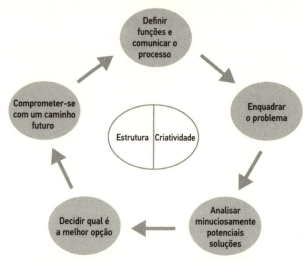

Figura 10: O ciclo de cinco fases da resolução de problemas organizacionais.

depois de se tornar CEO do Carolinas HealthCare System (CHS). Lembre-se de que Woods herdou uma empresa bem-sucedida e de porte modesto. Em parte, o CHS construíra seu sucesso por meio da contratação de fornecedores locais de assistência médica, oferecendo serviços de gestão como processamento administrativo de pagamentos. Em 2016, essas relações renderam cerca de 3 bilhões de dólares em receitas anuais, além dos 5 bilhões gerados internamente pelo CHS. A organização ganhou escala e abrangência geográfica, aumentando seu poder de negociação junto a fornecedores e seguradoras.

Woods acreditava, no entanto, que o modelo de negócio dos serviços de gestão do CHS estava ameaçado:

> Eu me dei conta de que nenhuma dessas relações apresentava um caminho rumo a uma verdadeira integração. Então, na verdade estávamos perdendo valor. E também estávamos apoiando alguns sistemas mais fracos. Paradoxalmente, isso lhes permitiu negociar em termos mais duros a renovação dos contratos de serviços de gestão, como muitos fizeram logo depois que me tornei CEO. […] Dando um passo atrás, constatei que não conseguiríamos permanecer viáveis a longo prazo a menos que alcançássemos escala por meio da associação com outras redes.

Além disso, Woods acreditava que a tendência de consolidação na indústria continuaria e talvez até acelerasse. Ele então concluiu que o CHS precisava iniciar parcerias com outras empresas de assistência médica (ou seja, tomar a iniciativa e ser o primeiro a agir na região) ou acabaria sendo adquirido. Woods chamou essa exploração de oportunidades potenciais de crescimento de sua "estratégia de rede da próxima geração". Sua abordagem é a base do processo de cinco fases para enquadrar e resolver problemas importantes na sua organização.

Fase 1: definir funções e comunicar o processo

A maioria dos executivos precisará envolver sua equipe de liderança e outras pessoas no processo. Isso aumenta a complexidade, visto que geralmente são indivíduos, grupos ou organizações que (1) têm interesses na situação que você está enfrentando e (2) influenciam sua capacidade de enquadrar e resolver o problema. Por exemplo: à medida que Woods desenvolvia sua estratégia de rede da próxima geração para a Atrium Health, de tempos em tempos precisava interagir com o conselho de administração. Para que essa interação com as partes interessadas seja mais eficaz, primeiro é necessário identificá-las. Em seguida, você deve decidir a maneira como irá mobilizá-las, aplicando uma estrutura simples do tipo aprovar, apoiar, consultar e informar — ou ASCI, na abreviação em inglês.[1]

- *Aprovar:* Você precisa da aprovação formal das partes interessadas para tomar decisões ou assumir compromissos. Woods sabia, por exemplo, que qualquer acordo significativo de fusão com outra empresa de assistência médica exigiria aprovações dos órgãos governamentais estaduais e federais responsáveis pela supervisão da regulamentação antitruste.
- *Apoiar:* As partes interessadas controlam os recursos — pessoas, financiamento, informações, relacionamentos — de que você precisa. Woods precisava do apoio do conselho não só para firmar qualquer acordo potencial, mas também para financiar atividades imprescindíveis.
- *Consultar:* É importante contar com a anuência e o envolvimento ativo de todas as partes interessadas, ou conhecer suas opiniões e sugestões sobre as questões decisivas — ou ambas as coisas. Essas partes interessadas podem ser as mesmas que você prevê que estarão nas colunas "Aprovar" ou "Apoiar" nas fases seguintes do processo; portanto, é importante que elas participem com afinco desde o início.
- *Informar:* Você precisa manter as partes interessadas atualizadas quanto ao progresso utilizando apenas comunicação unidirecional. Muitas vezes, isso acontece porque elas desempenharão papéis mais ativos nas fases subsequentes do processo.

Antes de dar início ao processo de resolução de problemas, preencha uma matriz ASCI. Identifique as partes interessadas e as funções que você prevê que elas desempenharão em cada etapa da jornada. Atualize a matriz conforme o processo se desenrola; sem dúvida, sua compreensão das partes interessadas e das funções que elas exercem evoluirá à medida que você aprender mais. Um bom ponto de partida é a matriz a seguir, que sintetiza as partes que Woods precisava mobilizar.

MATRIZ ASCI PARA A ESTRATÉGIA DE REDE DA PRÓXIMA GERAÇÃO DA ATRIUM HEALTH

O próximo passo é comunicar às partes interessadas o problema que você está buscando resolver. Informá-las de seus objetivos as ajuda a entender o que está acontecendo. Além disso, o "poder do processo justo" irá ajudá-lo a obter adesão à medida que avança de fase em fase. Estudos já demonstraram que as pessoas são mais propensas a aceitar resultados que não lhes são totalmente favoráveis se considerarem que o processo de tomada de decisões foi justo.[2] No contexto da resolução estruturada de problemas, isso significa ser transparente sobre o processo.

	Aprovar	Apoiar	Consultar	Informar
Fase 1: Definir funções e comunicar o processo	• Conselho de administração	• Conselho de administração • Diretor administrativo • CFO (diretor financeiro) • Conselho geral	• Equipe de relações governamentais	• Líderes responsáveis pelos relacionamentos com outros sistemas
Fase 2: Enquadrar o problema		• Time executivo		
Fase 3: Analisar minuciosamente soluções potenciais		• Equipe de liderança ampliada	• Principais líderes de pensamento organizacional • Consultores externos	
Fase 4: Decidir qual é a melhor opção	• Conselho de administração	• Equipe de liderança ampliada	• Principais líderes de pensamento organizacional • Consultores externos	• Líderes organizacionais empenhados na execução da estratégia
Fase 5: Comprometer-se com um plano de ação	• Conselho de administração • Órgãos regulatórios dos governos estadual e federal	• Consultores jurídicos e regulatórios externos	• Líderes organizacionais empenhados na execução da estratégia	

> Reflexão: Houve situações no passado em que você teve dificuldade para resolver um problema por não se envolver com as partes interessadas com antecedência o bastante?

Fase 2: enquadrar o problema

Quando os problemas são novos, e especialmente quando são graves, é essencial ser rigoroso ao enquadrá-los. Na verdade, esta pode ser a fase mais importante de todo o processo. Em *A evolução da física*, Albert Einstein e Leopold Infeld assim definiram a questão:

> A formulação de um problema é muitas vezes mais importante que sua solução, a qual constitui apenas matéria de matemática ou habilidade experimental. Propor novas questões, admitir novas possibilidades, encarar velhos problemas sob novos ângulos, isso requer imaginação criadora e assinala reais avanços na ciência.[3]

Enquadrar um problema significa:

1. Definir o problema na forma de uma pergunta que precisa ser respondida.
2. Esclarecer os critérios que serão utilizados para avaliar a adequação de soluções potenciais.
3. Identificar as barreiras potenciais mais significativas a serem superadas para alcançar o sucesso.

Isso pode parecer trabalhoso demais, mas economizará tempo na hora de resolver o problema. Em seu excelente *Solvable*, Arnaud Chevallier e Albrecht Enders apresentam uma sólida abordagem para enquadrar problemas baseada na construção narrativa da "jornada do herói" (pense em Luke Skywalker em *Star Wars*).[4] Os autores estimulam os líderes a enquadrarem os problemas em termos de um *herói* que embarca numa missão em *busca* de um *tesouro*, e durante a qual deve derrotar um ou mais *dragões*.

Quem ou o que são o *herói*, a *busca*, o *tesouro* e os *dragões*?

- O *herói*, claro, é você, o líder, que enquadra e resolve um problema de dimensões consideráveis.
- A *busca* é o motivo pelo qual você precisa embarcar na jornada, *na forma de uma pergunta que define claramente o problema*.
- O *tesouro* é a melhor solução possível — e os benefícios que ela traz.
- Os *dragões* são as potenciais barreiras que você deve enfrentar e superar ao longo do caminho.

O arcabouço de Enders e Chevallier é útil porque refina, de forma memorável, seu pensamento, e *é especialmente valioso quando a resolução de problemas envolve várias partes interessadas*. Por quê? Porque o arcabouço é uma "linguagem compartilhada" que ajuda a alinhar as partes com pontos de vista divergentes sobre o problema, as soluções potenciais e os critérios para avaliá-las. Chegar a acordos quanto às definições da missão, do tesouro e dos dragões ajuda a gerenciar de maneira mais eficaz as partes interessadas.

O primeiro passo no enquadramento é *definir com precisão a busca na forma de uma pergunta que cristalize o problema*. Ao fazer isso, é essencial "dimensioná--lo, o que significa encontrar um equilíbrio entre ser ambicioso de mais e de menos. Se você tentar realizar uma tarefa quase impossível ou excessivamente ambiciosa — do tipo fazer o oceano ferver —, ou dificultar sem necessidade o projeto, estará fadado ao fracasso. Da mesma forma, se concentrar suas forças em chover no molhado ou descobrir o sexo dos anjos, estará destinado à decepção. O nível certo de ambição reside justamente nesse meio-termo entre o oceano e os anjos.

No momento de definir o problema, seja estratégico e criativo. Ser estratégico significa compreender em sua totalidade o conjunto de interesses de todas as partes envolvidas e definir o problema levando esses interesses em consideração. Ser criativo significa compreender e aproveitar os vieses de cada pessoa para tocar as coisas adiante.

Enders e Chevallier dão um exemplo espirituoso de criatividade no enquadramento de problemas:

Dois monges que vivem numa abadia desejam poder fumar enquanto rezam. Provavelmente o impacto resultante será rezarem mais, só que com menos concentração, por isso é difícil avaliar se há um benefício real. O primeiro monge vai até o abade e pergunta: "Tudo bem se eu fumar enquanto rezo?", e seu pedido é rejeitado. Já o segundo pergunta ao abade: "Tudo bem se eu rezar enquanto fumo?", e obtém permissão.[5]

Isso enfatiza a forma como as pessoas pensam sobre perdas e ganhos, em especial o bem estabelecido viés de tomada de decisões conhecido como *aversão à perda*. Estudos em psicologia cognitiva mostraram que as pessoas se preocupam mais em evitar perdas do que em obter ganhos equivalentes.[6] Diante do abade, o primeiro monge estruturou seu pedido destacando potenciais perdas — fumar durante as orações poderia prejudicar sua qualidade. Já o segundo monge salientou os ganhos potenciais — ter autorização para fumar enquanto rezava poderia resultar em mais orações.

Isso nos leva à segunda etapa que devemos utilizar no enquadramento: *especificar os critérios usados para avaliar soluções potenciais*. Os critérios avaliativos ajudam a responder às seguintes perguntas:

- O que deve ser verdade sobre uma solução aceitável para o problema (ou seja, o "tesouro")?
- Como serão avaliadas as soluções potenciais em termos de sua atratividade relativa?

O melhor a fazer é identificar um conjunto de critérios distintos, compactos e razoavelmente abrangentes. Se, por exemplo, você está decidindo a qual restaurante ir, "comida saborosa", "satisfatório" e "me causa boa impressão" são argumentos genéricos e vagos demais para serem utilizados como critérios de avaliação. Esforce-se também para identificar os parâmetros mais importantes. Muitos critérios de avaliação trazem retornos decrescentes. Com o apoio da sua equipe de liderança, Woods definiu os critérios da Figura 11, a seguir, para avaliar potenciais acordos com outras empresas de assistência médica.

O terceiro passo e derradeiro aspecto de um bom enquadramento do problema é *identificar as barreiras que surgirão durante a busca pelo tesouro*. Isso ajuda a prever os obstáculos antes que se passe para a investigação de soluções,

Critérios para dizer Sim ✓	Critérios para dizer Não ✗
☐ Existe um caminho para a densidade geográfica e redes de apoio estadual.	☐ O esforço necessário não é um bom uso de recursos, tampouco uma distração.
☐ Podemos tirar proveito da infraestrutura e dos recursos fixos.	☐ É um projeto pontual, sem potencial estratégico de longo prazo.
☐ Será ampliado por acréscimo.	☐ É simplesmente uma "missão de resgate".
☐ Estamos suficientemente alinhados em termos culturais e comprometidos que esta seja uma missão para todos.	☐ Não há alinhamento entre os valores da empresa e dos funcionários.
☐ Expande a cobertura da assistência médica e as capacidades da população.	
☐ Acelera estratégias de diferenciação.	

Figura 11: Critérios avaliativos de Woods.

avaliação de opções e tomada de decisões. Woods viu seus três dragões da seguinte forma:

1. Ajudar as pessoas da sua equipe a se sentirem confortáveis com a ambiguidade e a desistirem da necessidade de uma estratégia definida com antecedência.
2. Convencer seu conselho de administração e outras partes interessadas de que a Atrium Health precisava crescer de forma diferente, apesar do sucesso do modelo antigo.
3. Reestruturar sua equipe de liderança e agregar as pessoas com os talentos necessários para impulsionar a nova abordagem.

> Reflexão: Pense num problema de gravidade considerável que você precisa resolver. Ele está enquadrado da forma adequada? Seria útil empregar a estrutura de Enders e Chevallier para alinhar as partes interessadas?

Fase 3: analisar minuciosamente soluções potenciais

É sensato separar a minuciosa análise de possíveis soluções da avaliação dessas soluções. Por quê? Porque na maioria das vezes encontrar soluções para problemas perversos requer criatividade, engenhosidade e visão, ao passo que selecionar uma delas envolve um estudo detalhado e obstinado. A avaliação crítica prematura tende a matar a criatividade. Como afirma Michael A. Roberto em *Unlocking Creativity*: "Infelizmente, a incapacidade de gerir a dissidência e as perspectivas contrárias de forma construtiva faz com que muitas boas ideias murchem e se percam".[7]

Comece identificando o tipo de investigação profunda na qual você precisa se envolver. As situações mais simples e de mais fácil compreensão surgem quando as soluções possíveis são fixas e óbvias. Voltando ao nosso hipotético caso de decidir onde almoçar, conhecemos bem o bairro, sabemos quanto tempo podemos gastar e, portanto, quais opções estão imediatamente disponíveis. Assim, não há necessidade de uma análise minuciosa! Quando o conjunto de soluções potenciais é óbvio, você pode pular direto para a avaliação. A menos que os restaurantes existentes fechem ou novos sejam inaugurados, suas opções são fixas e você pode se concentrar no planejamento.

Quando as soluções não são óbvias, mas é provável que existam, sua análise minuciosa envolve uma *pesquisa eficiente*. Você dedica recursos a buscar soluções potenciais e continua até descobrir todas as opções possíveis. No entanto, quando a pesquisa é dispendiosa ou demorada, você define uma *regra de interrupção*. Isso significa pesquisar até identificar um conjunto de opções plausíveis, então interromper a busca e partir para uma avaliação mais rigorosa. (Observe que parar a busca depois de encontrar apenas uma solução potencial viola a regra de separar investigação e avaliação, mas às vezes isso é justificável, quando se está sob pressão.)

Se você não conseguir encontrar nenhuma boa solução, será necessário esmiuçar o problema. Isso envolve aplicar ferramentas analíticas, como modelagem de sistemas (discutida no capítulo 2) e análise da causa raiz para investigar os fatores subjacentes e identificar as soluções fáceis e os desdobramentos mais espinhosos. A partir daí você pode construir soluções potenciais de forma criativa. A análise da causa raiz envolve decompor o problema em partes menores e mais específicas. A força disso é ilustrada na Figura 12, que demonstra como diagnosticar as causas dos atrasos nas remessas de carga em uma fábrica.

O diagrama ordena as causas possíveis do problema em categorias lógicas, como equipamentos, materiais e processos. Essa categorização ajuda a

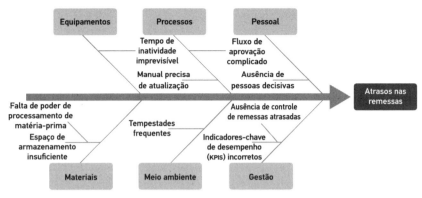

Figura 12: Análise de causa raiz para diagnosticar as causas dos atrasos nas remessas de carga em uma fábrica.

encontrar soluções rápidas e desenvolver novas abordagens para resolver um problema (ou subproblemas, como reduzir o tempo de inatividade de um equipamento). Para isso, você precisa encontrar talentos criativos e motivá-los. Por exemplo, não imponha estrutura em excesso tampouco restrinja o processo em demasia. Além do mais, forneça o espaço e o tempo necessários para o pensamento criativo se desenvolver. Em *The Art of Thought*, Graham Wallas destaca a importância do tempo em seu modelo de cinco fases para o florescer da criatividade:[8]

1. *Preparação:* Quando a mente do indivíduo criativo está concentrada no problema e analisa minuciosamente suas dimensões.
2. *Incubação:* Quando o problema é internalizado na mente inconsciente.
3. *Intimação:* Quando a pessoa criativa sente que uma solução está a caminho.
4. *Iluminação:* Quando a ideia criativa irrompe do processamento pré-consciente para a percepção consciente.
5. *Verificação:* Quando a ideia é verificada de forma consciente, elaborada e em seguida aplicada.

> Reflexão: Retomando um problema de gravidade considerável com o qual você está lidando, que abordagens para esmiuçar possíveis soluções você precisa adotar?

Fase 4: decidir qual é a melhor opção

Depois de identificar um conjunto completo de opções potenciais, o passo seguinte é avaliá-las com rigor e escolher a melhor. Quando os critérios são igualmente importantes, a avaliação que você faz das opções é um simples "sim" ou "não". Muitas vezes, porém, a avaliação consiste em *fazer concessões* para escolher uma opção em detrimento de outra. Voltando ao problema sobre o lugar onde almoçar, imagine que você utiliza apenas dois critérios — o sabor da comida e o tempo disponível — para escolher um restaurante. Suponha que goste muito mais de comida italiana do que de comida mexicana. No entanto, ir ao restaurante italiano demorará muito mais. Até que ponto você está disposto a dedicar mais tempo para degustar com mais prazer a refeição? Você provavelmente se disporia a conceder cinco minutos a mais. E uma hora? É provável que não. Vinte minutos? Talvez. Bem-vindo ao mundo dos conflitos de escolha.

Quando os critérios são mensuráveis e podem ser convertidos para um valor de aceitação geral — como tempo ou dinheiro —, é relativamente fácil fazer concessões e escolher uma opção em detrimento de outra. É bem mais difícil quando as avaliações são qualitativas. Quando for o caso, cogite a ideia de desenvolver um *sistema de pontuação*. Conforme "Scoring a Deal", um estudo de caso realizado pela Columbia Business School sobre negociações complexas,[9] é possível fazer isso da seguinte maneira:

- Defina as dimensões nas quais avaliará as opções (o que já é feito como parte do enquadramento do problema);
- Para cada dimensão, classifique suas opções da pior para a melhor;
- Para cada dimensão, crie uma escala de 0 a 100 (sendo 100 a opção mais eficaz) e julgue suas opções de acordo com ela;
- Atribua pesos às dimensões em termos de sua importância relativa para a estratégia adotada — os pesos devem totalizar 1 (se você tiver quatro dimensões, por exemplo, poderá atribuir pesos de 0,3, 0,2, 0,4 e 0,1);
- Calcule o valor total das opções multiplicando sua pontuação em cada dimensão pelo peso atribuído à dimensão, e depois somando o resultado.

Para continuarmos com nosso exemplo do restaurante, vamos supor que você tenha elaborado a síntese da pontuação apresentada a seguir. Seus critérios de avaliação são sabor da comida, custo, tempo total necessário e valor nutricional. Suas opções são restaurantes locais tailandeses, mexicanos e italianos.

SISTEMA DE PONTUAÇÃO PARA ESCOLHER UM RESTAURANTE

Antes de examinar a pontuação total, tenha em mente os pesos atribuídos às quatro dimensões — sabor, custo, tempo e valor nutricional — e lembre-se de que a soma deles deve ser 1. Aqui, você deu bastante peso ao tempo, um pouco ao sabor e ao custo e apenas um mínimo ao valor nutricional. (Fica claro que a saúde não é uma grande preocupação no momento.)

Veja agora as pontuações atribuídas a cada restaurante nas dimensões de custo e sabor. Lembre-se de que a escala para cada dimensão é de 0 a 100. Na dimensão de custo, você avaliou o restaurante mexicano como o mais barato (pontuação = 100), seguido pelo restaurante tailandês (pontuação = 90) e pelo italiano, consideravelmente mais caro (pontuação = 70). No entanto, na dimensão do sabor, a comida italiana é sua favorita (pontuação = 100), seguida de perto pela tailandesa (pontuação = 90), e a comida mexicana é substancialmente menos aprazível (pontuação = 70).

	Sabor	Custo	Tempo	Valor Nutricional	Pontuação Total
Pesos (totalizando 1)	0.3	0.2	0.4	0.1	
Tailandês	90	90	85	90	88
Mexicano	70	100	100	50	86
Italiano	100	70	40	100	78

Por fim, observe as pontuações totais de cada opção. Embora você não tenha classificado o restaurante tailandês como seu preferido em nenhuma das dimensões, ele aparece em primeiro lugar. Por quê? Porque é bom em várias dimensões importantes. Isso ressalta de que modo a avaliação rigorosa dos conflitos de escolha pode produzir um inesperado "melhor" resultado.

Antes de começar a aplicar a análise de pontuação à sua tomada de decisões, você deve compreender as limitações dessa abordagem. Para início de conversa, ela pressupõe que você pode ter uma variedade de opções em escalas de avaliação lineares de 0 a 100, a exemplo de sabor da comida e tempo disponível. Mas, na verdade, pode haver não linearidades importantes. Imagine, por exemplo, que você dispõe de apenas trinta minutos para almoçar antes de uma reunião importante com um cliente. Como isso mudaria sua avaliação se você levasse quarenta minutos para chegar ao restaurante tailandês?

Outra limitação é que a comparação de alternativas é *aditiva*. Em outras palavras, pressupõe que você possa calcular o valor total das opções somando as avaliações ponderadas. Isso funciona quando não existem interações importantes entre pontuações em duas ou mais dimensões, o que muitas vezes não acontece.

Isso não quer dizer que o sistema de pontuação não seja útil. Essa abordagem *pode* ajudar a dar consistência a seu pensamento, mas ela deve ser tratada como consultiva e não determinante. Observe os resultados e pergunte: *Isto parece certo? Atribuímos os pesos corretos às dimensões e as devidas pontuações às opções? Entre as dimensões há não linearidades ou interações que devemos levar em consideração?*

Também é possível criar pontuações mais sofisticadas incorporando incertezas e atribuindo probabilidades a resultados associados a diferentes escolhas. Por exemplo, suponha que você possa dar como certo que o restaurante mexicano vai servir seu prato em dez minutos, enquanto no tailandês a comida demora de cinco a 25 minutos para chegar. Se você puder atribuir probabilidades a diferentes tempos de espera, conseguirá avaliar as opções *com base no valor esperado*, fornecendo uma avaliação mais rigorosa.

Por fim, é melhor você criar um sistema de pontuação ao enquadrar o problema e não enquanto avalia as opções. Isso o ajudará a ser mais objetivo, porque, uma vez já conhecendo as alternativas, você não precisará definir pesos nem atribuir pontuações, e pode até ser que já tenha feito avaliações informais das opções.

Reflexão: De que maneira você aborda a avaliação de soluções potenciais para problemas importantes hoje? Você e sua organização são rigorosos o bastante?

Fase 5: comprometer-se com um plano de ação

Por fim, suas soluções para problemas organizacionais não são "respostas" em si; são *caminhos adiante* com os quais você compromete sua organização. Soluções robustas, portanto, consistem em metas, estratégias, planos e comprometimento de recursos. Quando você reúne esforços para realizar ações concretas que solucionam um problema de gravidade considerável, muitas vezes é necessário assumir substanciais e irreversíveis empenhos de recursos para implementá-las. Além dos custos diretos da execução de determinado plano de ação, podem existir custos de oportunidade decorrentes das estradas não trilhadas.

Se você estiver decepcionado com a comida servida no restaurante tailandês, poderá recorrer a um fugaz "Eu sabia que deveria ter escolhido o italiano", alegação logo amenizada com: "Ah, tudo bem, vou lá amanhã". As consequências de não conseguir resolver problemas organizacionais importantes são, obviamente, bem maiores. A boa notícia é que, muitas vezes, até certo ponto, é possível retraçar os caminhos à medida que a situação evolui e você aprende mais. Esse processo pode também revelar problemas inesperados que se tornam pontos focais para a resolução adicional de problemas, dando continuidade ao ciclo. Conforme você avança no processo, talvez seja necessário dar passos à frente e recuar, conforme ilustra a Figura 13.

> Reflexão: Qual é o nível de sucesso da sua organização ao implementar soluções para problemas complexos?

DESENVOLVENDO SUAS HABILIDADES DE RESOLUÇÃO ESTRUTURADA DE PROBLEMAS

Comece aprendendo os princípios básicos, tais como as etapas do processo de resolução de problemas, as ferramentas e técnicas utilizadas em cada etapa e as armadilhas e dificuldades mais corriqueiras. A resolução estruturada de problemas melhora com a experiência. Quanto mais você praticar, melhor se tornará. Isso envolve a necessidade de trabalhar em uma variedade de

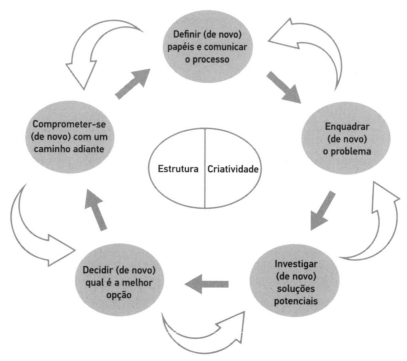

Figura 13: Deslocando-se em ambas as direções pelo ciclo de cinco fases da resolução de problemas organizacionais.

problemas e buscar feedback e orientação de outras pessoas. Procure também oportunidades de se envolver em processos semelhantes executados por pessoas mais experientes.

RESUMINDO

A resolução estruturada de problemas é a disciplina do pensamento estratégico que orienta sobre como resolver as dificuldades mais graves de uma organização. O processo consiste em etapas distintas: identificar as principais partes interessadas, enquadrar o problema, gerar soluções potenciais e avaliar, selecionar e implementar a melhor delas. Parte da força da resolução estruturada de problemas está na maneira como essa disciplina ajuda a alinhar as partes interessadas para que se empenhem naquilo que você busca. O próximo capítulo concentra-se no *visionarismo*, disciplina que nos ajuda a imaginar e concretizar potenciais futuros atraentes.

CHECKLIST DA RESOLUÇÃO ESTRUTURADA DE PROBLEMAS

1. Até que ponto sua organização é eficaz em definir e resolver os problemas mais significativos hoje? Quais são os pontos fortes e fracos?
2. Como você deve abordar as principais partes no início do processo? Ajudaria fazer uma avaliação do tipo aprovar, apoiar, consultar e informar (ASCI)?
3. O que você pode fazer para melhorar sua eficácia ao enquadrar problemas (incluindo definir e comunicar a missão, o tesouro e os dragões à sua equipe)?
4. Você é eficaz ao equilibrar análise e criatividade na criação de opções?
5. Em sua avaliação, você está sendo rigoroso o bastante e abrindo mão das coisas certas?

PARA SABER MAIS

Solvable: A Simple Solution to Complex Problems, de Arnaud Chevallier e Albrecht Enders

The Art of Critical Decision Making, de Michael A. Roberto

Leading in the Digital World: How to Foster Creativity, Collaboration, and Inclusivity, de Amit S. Mukherjee

5. A disciplina do visionarismo

O visionarismo é a capacidade de imaginar futuros potenciais que sejam ambiciosos e alcançáveis, e em seguida mobilizar sua organização para realizá--los. Ser visionário tem a ver com construir pontes entre futuros potenciais e realidades atuais. Não basta imaginar um futuro desejável; é preciso comunicar as pessoas e engajá-las em torno da visão. É aí que aquilo que chamamos de simplificação poderosa se conecta com o visionarismo — você tem a obrigação de articular sua visão (e as estratégias para alcançá-la) de forma clara e atraente.

O QUE É VISÃO?

Para os líderes, a visão é uma imagem mental convincente e cativante de qual será o aspecto da organização — e o que sentirão as pessoas que nela atuarem — assim que a estratégia for totalmente concretizada. Uma boa visão define um futuro atraente e repleto de significado. A visão deve responder à seguinte pergunta: Levando em conta o que é preciso fazer (a missão), considerando-se as prioridades (os objetivos centrais) e tendo em vista a forma como se espera avançar (a estratégia), qual será a configuração da organização e de que modo as pessoas agirão tão logo seu objetivo for cumprido?

Nas palavras de um líder, a visão é uma "imagem do futuro refinada até sua forma cristalina e mais simples". Outro, destacando que a visão deve ser

100

descritiva e específica, explicou: "A visão descreve a forma como a organização vai funcionar num período de tempo razoável no futuro, mas [que] amplia a organização, porque, se não estiver ampliando, não se trata de uma visão".

É importante fazer uma distinção entre visão e conceitos correlatos, como missão, objetivos centrais e estratégia. Para tanto, é necessário compreender o que visão *não é*:

- uma visão não é uma missão, que é aquilo que os líderes desejam que a organização faça e seja reconhecida por fazer;
- uma visão não é um conjunto de objetivos centrais, que são as prioridades que definem as metas da missão;
- uma visão não é uma estratégia, que estabelece um caminho geral de acordo com o qual a missão e os objetivos centrais serão realizados.

É lógico que a visão da organização deve ser coerente com sua missão, objetivos centrais e estratégia. Algo que causa mudanças substanciais e positivas raramente acontece sem um significado forte, sem que o propósito e a visão sejam coerentes e coesos. Um dos líderes que entrevistei definiu: "As pessoas devem ser capazes de dizer: 'Ah, estou vendo como tudo [missão, objetivos, estratégia] se encaixa. Já posso ver para onde estamos indo'".

É especialmente importante diferenciar visão de propósito, outro valioso elemento de alinhamento. Segundo Peter M. Senge, "visão é diferente de propósito. O propósito é uma direção geral. A visão é um destino específico, a imagem de um futuro desejado. O propósito é 'fomentar a capacidade do homem de sondar os céus'. A visão é 'um homem pisar na Lua até o final da década de 1960'".[1]

Propósito e visão andam juntos. Um propósito poderoso desprovido de visão deixará sua organização sem um destino claro, despreparada e desguarnecida para singrar um caminho através das águas agitadas do mundo CUVA. Mesmo que indivíduos cheios de entusiasmo trabalhem incansavelmente em prol de um objetivo, muitas vezes seus feitos não duram, e o que eles realizam ou não chega longe o bastante ou fica aquém do seu potencial. No entanto, incutir nos membros de organização uma visão compartilhada ajuda a alinhar o comportamento, a conduzir os funcionários a um futuro desejável e a moderar a ansiedade em relação às incertezas.

POR QUE É IMPORTANTE SER VISIONÁRIO?

Declarações vazias de intenção corporativa arriscam reduzir a visão a um clichê. "Hipocrisia e deturpação" foram as duas conclusões a que chegou Chris Bart, ex-professor da DeGroote School of Business da Universidade McMaster, num artigo de 1997 intitulado "Sex, Lies, and Mission Statements": "Em sua grande maioria, [as declarações de missão] não valem nem sequer o papel em que estão escritas".[2] Helmut Schmidt, ex-chanceler da Alemanha Ocidental, foi ainda mais longe. Quando questionado sobre qual era sua grandiosa visão, declarou: "Qualquer pessoa que tenha visões deveria ir ao médico".[3]

Mas o visionarismo é uma disciplina essencial do pensamento estratégico. Troy Taylor, ex-executivo da Johnson & Johnson, observa: "Ser visionário é ajudar a organização a entender para onde você quer ir, o que precisa fazer para chegar lá e como será a vida quando isso acontecer". Uma visão impactante gera paixão direcionada. Você pode até formular a melhor estratégia do mundo, mas, se o seu pessoal não entender *por que* a ação é necessária, *para onde* você irá, *o que* precisa ser realizado e *como* isso será feito, ela acabará sendo inútil. Por meio de uma comunicação que refina, informa e inspira, o visionarismo fornece uma imagem clara do "por que" e do "onde".

Quando articulada com esmero, uma visão organiza e motiva seu pessoal a buscar um objetivo comum. Os líderes visionários fornecem objetivos inspiradores que ajudam as organizações a superarem interesses egoístas e a cegueira dos sectarismos. A história fornece uma ampla gama de exemplos. Nelson Mandela foi um extraordinário líder político, que superou conflitos e engajou as pessoas em nome de uma causa comum, com sua sonhadora visão de unir a África do Sul a despeito das divisões raciais e políticas.

No mundo dos negócios, os líderes visionários engajam as organizações que dirigem. Uma visão instigante ajuda os funcionários a compreenderem de que maneira seu trabalho contribui para o sucesso e fomenta a missão e o propósito da empresa. Isso rende enormes benefícios. E é ainda melhor quando a visão está alinhada com os valores pessoais dos funcionários. Pesquisas mostram que os funcionários estão dispostos a sacrificar rendimentos futuros por um trabalho que consideram sério e repleto de significado. Além disso, funcionários que consideram ter um trabalho com significado e relevância também são 69% menos propensos a pedir demissão, o que potencialmente poupa às organizações grandes somas em custos de rotatividade de mão de obra.[4] Um estudo realizado junto a mais de 50 mil participantes demonstrou que os funcionários que julgam atuar numa empresa cuja visão tem significado apresentam níveis de engajamento dezoito pontos percentuais acima da média.[5]

Além disso, o visionarismo corrobora o trabalho essencial que você deve realizar a fim de criar alianças, o que discutiremos no próximo capítulo. O visionarismo permite que os líderes formem relacionamentos pessoais e construam as redes que estabelecem as bases para o sucesso individual, de equipe e da organização. Isso é especialmente útil para CEOs recém-nomeados, que procurarão cair nas graças das partes interessadas, criar entusiasmo em torno da sua estratégia e lançar um impulso inicial decisivo. O visionarismo eficaz, portanto, reduz os riscos de transições de liderança, sobretudo para empresas que nomeiam CEOs de fora. Esses chefes externos tendem a ter um desempenho abaixo das expectativas se desde o início as partes interessadas se mostrarem pouco impressionadas ou céticas ou desapontadas.

> Reflexão: Qual é o melhor exemplo de visionarismo eficaz que você já vivenciou? Você conhece casos em que os esforços para criar uma visão compartilhada fracassaram? Em caso afirmativo, por que isso aconteceu?

COMO SE CULTIVA UMA VISÃO?

Uma forma de ser visionário é olhar adiante e então raciocinar de trás para a frente. A lógica é semelhante à indução retroativa na teoria dos jogos, como discutimos no capítulo 3; você olha adiante no tempo, visualiza um estado futuro desejável e depois trabalha do final para o começo a fim de definir o que será necessário para chegar lá. Por outro lado, você pode fazer um balanço geral e visualizar as possibilidades. Você faz um inventário dos recursos disponíveis e imagina o que pode alcançar com eles — um processo que nos estudos sobre empreendedorismo é chamado de "efetuação".[6] Quais são os meios de que dispomos hoje, e o que é que já fazemos bem e pode servir de base?

Quer você trabalhe adiante ou de trás para a frente, o objetivo é imaginar futuros potenciais que sejam ambiciosos, mas também alcançáveis. A ambição é essencial, porque concretizar a visão precisa ser um esforço para sua equipe e organização. Em *Feitas para durar*, Jim Collins e Jerry I. Porras cunharam o termo BHAG — acrônimo em inglês que significa "objetivos grandes, arriscados e audaciosos" — para sintetizar a necessidade de visão e ambição andarem juntas.[7]

No entanto, sua visão não pode ser vista como um castelo no ar ou um devaneio com pouquíssimas chances de ser concretizado. A meta que o presidente John F. Kennedy anunciou aos estadunidenses em seu discurso de posse de 1961 — levar um homem à Lua antes do final da década —[8] cumpriu ambos os critérios, mas apenas por um triz (o primeiro pouso aconteceu em julho de 1969).[9] O exemplo de Kennedy destaca a importância de incorporar a flexibilidade a uma visão de modo a criar opções caso você depare com obstáculos intransponíveis. Tenha em mente o que acontece quando você não segue o GPS do seu carro. Se deixar de fazer uma curva, o sistema irá sugerir que dê uma guinada de 180 graus e volte ao caminho certo. Porém, se você ignorar as sugestões, o sistema de navegação criará uma nova rota até o mesmo destino. Isso reflete a disciplina visionária do pensamento estratégico em ação.

DA VISÃO PESSOAL À VISÃO COMPARTILHADA

Para criar uma visão compartilhada, você deve primeiro desenvolver uma visão pessoal. Você consegue imaginar um estado futuro claro e desejável para o qual deseja conduzir seus negócios? Além de ser uma meta alcançável, ela precisa ser coerente com seu estilo de liderança e contexto situacional. É valioso, de tempos em tempos, testar sua visão com pessoas em quem você confia.

Algo que ajuda é vincular sua visão aos principais objetivos que você almeja. Isso torna a visão mais orientada para a ação e mais tangível do que se fosse baseada apenas nos valores fundamentais da empresa. Esses valores fundamentais, como lealdade, compromisso, dignidade e integridade, conferem significado e senso de propósito à visão e ajudam a aprofundar seu impacto.

Também é benéfico alicerçar sua visão em alguns fatores motivacionais reconhecidos. De acordo com o falecido psicólogo estadunidense David McClelland, as pessoas são movidas pelas necessidades de realização (o desejo de competir, de ter melhor desempenho ou de vencer), pertencimento (identificar-se com um grupo social ou fazer parte de uma equipe) e poder (a busca por status ou controle).[10] Uma visão pode articular de que modo uma estratégia atenderá a algumas dessas necessidades, motivando sua equipe de forma mais eficaz. A Figura 14 a seguir mostra exemplos adicionais de fatores que podem ser evocados por meio de visões bem estruturadas.

Depois de esboçar um rascunho, teste e refine suas ideias, discutindo-as com partes interessadas que podem submeter sua visão a um escrutínio minucioso em busca de lacunas ou falhas. À medida que a visão passa por fases de esclarecimento, teste e refinamento, evoluirá para uma narrativa compartilhada rumo ao sucesso.

Em alguns casos, faz sentido envolver outras pessoas — por exemplo, sua equipe de liderança ou a organização em geral — no processo de criação da visão. Como afirma Paul Culleton, ex-chefe de gestão de talentos da Johnson & Johnson: "Criar uma visão simples, mas arrebatadora, é essencial. Combinar um exercício visionário com a aquisição de conhecimento acerca de como as pessoas se comportam [...] é um bom lugar por onde começar".

Você deve agir assim quando faz sentido, e às vezes não faz. Para ser mais específico, você só deve envolver outras pessoas diretamente quando for capaz de desenvolver uma visão que de fato inspire sua organização. Talvez não seja o caso se a empresa estiver demitindo funcionários. Também é importante saber se o envolvimento das pessoas na criação da visão aumentará o comprometimento delas em concretizá-la. Nesse caso, os benefícios podem ser maiores do que os custos potenciais de arriscar elementos da sua visão pessoal.

Se decidir seguir o caminho da criação conjunta, tome cuidado para não permitir que a audácia inerente a uma ótima visão se perca. É importante deixar claro quais elementos centrais da sua visão são inegociáveis. Elementos invioláveis

Fatores motivacionais que podem ser usados para construir uma visão instigante:

1. Sentir-se comprometido com algo
2. Fazer uma contribuição
3. Incorporar confiança e integridade
4. Alcançar excelentes resultados
5. Fazer parte de uma equipe
6. Ter o controle do destino

Figura 14: Fatores motivacionais.

à parte, porém, seja flexível ao incorporar as ideias de outros para que compartilhem a autoria. Gene Woods exemplifica a potência dessa abordagem de cocriação. Em vez de uma estratégia imposta de cima para baixo, ele começou com um intensivo exercício de escuta de baixo para cima. "Eu passava um bocado de tempo zanzando pelos corredores, perguntando às pessoas o que nós fazíamos bem, quais deveriam ser nossas aspirações e o que nos atrapalhava. Conversava também com os principais líderes comunitários sobre suas percepções quanto aos nossos pontos fortes e oportunidades."

À medida que Woods passava por esse processo, temas específicos começaram a vir à tona. Um deles era a avidez dos indivíduos para vincular suas funções ao propósito mais amplo da organização. "Os colegas de equipe queriam manter as pessoas saudáveis, e não apenas tratá-las depois que adoecessem", diz ele. "Queriam contar histórias sobre como proporcionamos esperança nos momentos mais sombrios, ser líderes nacionais e promover a cura."

Woods sintetizou esse feedback e, de forma autêntica e orgânica, o comunicou às principais partes interessadas. O resultado foi uma nova declaração de missão: *Melhorar a saúde, elevar a esperança e promover a cura — para todos.* A parte "para todos" foi decisiva, porque ratificou o compromisso da empresa não apenas com os pacientes privilegiados (aqueles que tinham condições de recorrer a um plano de saúde), mas também com os mais vulneráveis da sociedade.

Woods empregou um processo semelhante para formular a declaração de visão da Atrium Health: *Ser a primeira e a melhor escolha em assistência médica.* "Isso comoveu a organização e se tornou um grito de guerra", ele conta. "A missão refletia nosso coração, nosso ideal, nosso intelecto e nosso espírito. A visão sinalizou uma orientação mais resoluta no sentido do crescimento e da mudança. [Isso] definiu a forma como saberíamos que estávamos obtendo sucesso."

A experiência de Woods ilustra que uma boa visão é clara e específica, proporciona significado e paixão e se relaciona com outras ferramentas essenciais para estabelecer uma direção, a exemplo da declaração de missão. A visão pinta em cores vivas um quadro nítido do futuro desejado: um futuro consistente com a missão, os objetivos centrais e a estratégia da empresa. Fundamentalmente, a visão alinha as aspirações dos funcionários e da organização como um todo.

Brad Neilley, ex-vice-presidente de recursos humanos da Johnson & Johnson, afirmou: "Ser visionário é ter a nítida ideia da trilha que você deseja que a organização percorra. Significa mostrar às pessoas uma imagem clara de como é esse futuro, de modo que elas entendam para onde estamos indo como empresa".

> Reflexão: Pare e pense sobre seus esforços anteriores para criar uma visão compartilhada: o que funcionou bem e o que não funcionou?

A IMPORTÂNCIA DE UMA SIMPLIFICAÇÃO PODEROSA

Para engajar as pessoas em torno da visão, você deve procurar alcançar uma *simplificação poderosa*, comunicando em termos francos e evocativos a direção futura da organização. A necessidade de fazer com que as pessoas aceitem sua visão pode parecer óbvia, mas saber e fazer são coisas diferentes. Muitos líderes se debatem contra o visionarismo à medida que passam a ocupar cargos mais altos na hierarquia.[11] Peter Tattle, ex-diretor comercial de negócios farmacêuticos da Johnson & Johnson, observou:

Liderar uma empresa inteira pode ser a primeira vez que você se depara com o desafio de ter que lidar com uma perspectiva tão ampla. Seu trabalho é ser capaz de descrever as coisas em termos simples, sem rodeios, de forma envolvente, e fazer com que as pessoas se reúnam em torno da sua visão do que isso pode vir a se tornar.

Muitas vezes é útil criar histórias e elaborar metáforas para corroborar sua visão. Histórias e metáforas são formas pungentes de comunicar as ameaças e oportunidades no horizonte e as estratégias que você utilizará para gerir umas e outras. Em *Mentes que lideram*, o psicólogo estadunidense Howard Gardner afirma: "Os líderes alcançam sua eficácia sobretudo por meio das histórias que contam [...]. Além de compartilhá-las, os líderes incorporam essas histórias [...] [e] as transmitem por meio da vida que eles próprios levam".[12] Tenha em mente a seguinte declaração de visão de uma rede de clínicas especializadas em doenças oculares e oftalmologia: *Visão para a vida*. Essa frase evoca o modo como o sentido da visão se desenvolve e muda ao longo da vida, e ajuda a conectar a organização mais estreitamente à experiência dos pacientes.

Contar histórias é um recurso importante de que os líderes devem se valer para influenciar e inspirar. As histórias ajudam a criar um senso de conexão e a construir familiaridade e confiança de uma forma que os pontos de dados são incapazes de fazer. Além do mais, as histórias ficam gravadas em nossa mente. Conseguimos nos lembrar com maior exatidão e por muito mais tempo de informações contidas em histórias do que de informações obtidas a partir de fatos e números. Como observa Kendall Haven, autora de livros como *Story Proof* e *Story Smart*:

> Em toda comunicação, seu objetivo é influenciar o público-alvo (modificar atitudes, convicções, conhecimento e comportamento atuais). A informação por si só raramente altera qualquer um desses aspectos. Estudos atestam que histórias bem concebidas são o veículo mais eficaz para influenciar as pessoas.[13]

As melhores histórias refinam lições fundamentais — erros constituem um excelente material narrativo — e fornecem modelos para o tipo de comportamento que você deseja encorajar. As histórias relativas às visões devem refletir também a mitologia mais antiga da empresa, valendo-se dos melhores elementos do que ela já foi e combinando-os com o que poderá se tornar. Esse processo é benéfico não apenas para comunicar a visão, mas também para enquadrar a estratégia e outros elementos essenciais que estabelecem a direção geral do negócio.

Os líderes podem fornecer insights cruciais usando cinco arquétipos clássicos das histórias: *amor* (a empresa se apaixonou por seu próprio produto ou serviço e deseja compartilhar sua paixão), *redenção* (a empresa passou por situações difíceis e busca se recuperar), *da pobreza à riqueza* (a empresa é um azarão tentando superar as adversidades), *forasteiro em terra desconhecida* (talvez você esteja lançando um novo produto ou serviço) e *santo graal* (você tem metas ambiciosas quanto a descobrir a realização profunda).[14]

Vejamos, por exemplo, a visão do CHS de *melhorar a saúde, elevar a esperança e promover a cura — para todos*. Nesse caso, a empresa condiz com o arquétipo da história de amor, pois deseja atender os clientes no mais alto nível. Ao enfatizar isso, ela pode tirar o máximo proveito do poder do discurso centrado no público.

A repetição também contribui para uma comunicação persuasiva, com base em descobertas da psicologia social que demonstram como a exposição repetida a um estímulo aumenta os sentimentos positivos em relação a ele. Isso é conhecido como *efeito da mera exposição*.[15] Estudos mostram também que a repetição auxilia a expressar sua visão em diferentes modalidades — num discurso, numa carta ou num vídeo —, de modo a facilitar que a mensagem seja absorvida. O "cone de experiência", modelo do educador estadunidense Edgar Dale, postula que tendemos a nos lembrar de apenas 10% do que lemos, 20% do que ouvimos e 30% do que vemos. A retenção de conhecimento aumenta para 50% do que ouvimos e vemos simultaneamente (por exemplo, em um vídeo) e para 70% do que dizemos e escrevemos (como quando participamos de um debate e fazemos anotações). A taxa de retenção aumenta para 90% do que dizemos e fazemos durante uma simulação.[16] Paul Culleton observa ainda: "É preciso criar uma visão baseada mais em cenas, ideias e imagens persuasivas do que em palavras".

Outro elemento imprescindível são os descritores evocativos da visão — declarações que incorporam com todas as letras os valores fundamentais. Em vez de meramente articular um desejo ou alvo, os descritores evocativos ajudam a formar uma imagem na mente da pessoa que os ouve ou vê. A declaração de visão do McDonald's utiliza vários deles: "O alicerce de nossa estratégia é nosso foco em administrar ótimos restaurantes, capacitar nossos funcionários e sermos mais rápidos, mais inovadores e mais eficientes em resolver problemas para nossos clientes e nosso pessoal".[17]

Ao articular descritores de visão, tenha em mente como a declaração será organizada (estrutura, fluxo de informações) e qual sensação causará (o comportamento exigido e as necessidades a serem atendidas). A julgar pelas insípidas declarações de visão de muitas empresas, líderes têm dificuldade para produzir descrições com um grau de detalhamento adequado. Uma visão poderosa precisa formar uma imagem cativante na mente.

É necessário admitir que os líderes não têm condições de se comunicar diretamente com cada um dos funcionários da organização. Isso significa que eles devem aprender a persuadir a distância. E, ao recrutar pessoas que acreditam no que estão fazendo, podem cultivar o entusiasmo e a adesão aos princípios de uma ideia.

Para tanto, os líderes precisam enviar os sinais certos aos quatro cantos da empresa e, na vida pessoal, fazer jus à mudança que estão pedindo aos outros que realizem. Isso vai além da modelagem do comportamento; significa tomar decisões diárias que corroborem a visão. Uma grande parte disso resulta da atribuição de recursos suficientes para respaldar a ideia, não apenas em termos de investimento de capital, mas também da escolha das pessoas certas para trabalhar na visão e do estabelecimento de metas mensuráveis para avaliar o progresso.

Além disso, estratégias escritas, planos de remuneração, sistemas de medição e orçamentos anuais são alavancas poderosas para influenciar o comportamento. Ao estabelecer expectativas e definir recompensas e avanços, essas alavancas "empurram" as pessoas na direção certa. Por conseguinte, o sucesso dessas ferramentas depende da autoridade, da lealdade e da expectativa de recompensa e progressão. E as ferramentas serão especialmente úteis quando a concretização da visão exigir melhoria do desempenho da empresa ou a remodelação da sua cultura.

Mas os líderes também devem "puxar" os funcionários, definindo um cenário futuro atraente para que eles queiram mudar por conta própria. Isso só acontecerá se os funcionários acreditarem que os novos métodos operacionais serão suficientes para satisfazer melhor suas necessidades do que as abordagens que já existem — por exemplo, prometendo gerar menos frustração ou reduzir o desperdício de energia, ou aumentar a probabilidade de progresso. Esse ato de "puxar" assume diferentes formas. No nível mais baixo, requer escuta ativa e capacidade de dar feedback individual de modo a fortalecer os relacionamentos. No nível da equipe, significa definir uma visão pessoal e torná-la conhecida de todos, a fim de inspirar uma massa crítica.

As estratégias de empurrar e puxar são complementares. Por si sós, nem uma nem outra será suficiente para alterar hábitos enraizados ou práticas de trabalho a ponto de provocar mudanças.[18] A maioria dos líderes tende a ser adepta de uma ou de outra. Para melhorar sua capacidade de fazer as duas coisas, você deve se esforçar para compreender as preferências dos funcionários e encontrar maneiras de desenvolver potencialidades. É necessário também se cercar de pessoas que complementem suas habilidades de comunicação.

Envolver a organização mais ampla é importante porque, do contrário, você desencadeará especulações inúteis. O burburinho que circula pelos corredores preenche lacunas de informação, o que pode alimentar a máquina de boatos e fofocas e distorcer sua mensagem. Cabe aos líderes assumir o controle da narrativa antes que ela lhes escape. Poderia ser algo tão simples quanto criar um boletim informativo interno ou escrever uma coluna numa publicação corporativa para comunicar a visão. Alguns líderes usam quadros de visualização para representar seus objetivos em formato visual, com imagens e textos que ilustram resoluções e o que você está tentando realizar.

Desde o momento em que assumem o cargo, CEOs recém-nomeados têm o costume de fazer discursos expondo sua visão. Em 2019, em seu primeiro dia como CEO do NatWest Group, Alison Rose compartilhou sua ideia para o futuro da empresa e explicou o que os colegas deveriam esperar. Isso incluía manter o espírito de curiosidade e investir em novas competências e capacidades para construírem uma cultura de aprendizagem contínua.[19] A tecnologia tornou as narrativas corporativas mais imersivas e envolventes. Amanda Blanc, CEO do grupo britânico de seguros Aviva, regularmente divulga, junto com os resultados trimestrais, vídeos que resumem e reforçam suas ambições para a empresa, a exemplo de melhorias no atendimento, comprometimento com o alto desempenho e inabalável disciplina financeira. "Nós venceremos", afirmou Blanc em 2020.[20] Uma nota final: os líderes são muito mais capazes de influenciar as pessoas quando são respeitados e vistos como figuras confiáveis e dotadas de bom senso.[21]

AS LIMITAÇÕES DO VISIONARISMO E COMO SUPERÁ-LAS

Uma armadilha a ser evitada é criar uma visão que as principais partes interessadas considerem megalomaníaca ou irrealista. A queda em desgraça da Bombardier, outrora poderosa empresa aeroespacial canadense, é uma clara advertência. A Bombardier começou na década de 1930 com a patente para produzir *snowmobiles*, veículos motorizados para locomoção na neve.[22] Na década de 1990, a empresa estabeleceu sua visão de investir na indústria aeronáutica e se tornar uma importante fabricante de aeronaves, ao mesmo tempo que procurava se expandir por meio de aquisições — comprou a De Havilland Aircraft Company, então uma divisão da Boeing, e depois a Learjet Corp. Em 2005, Laurent Beaudoin, o CEO de longa data da Bombardier, fez uma vultosa aposta no programa de jatos de passageiros C-Series, com a intenção de impulsionar o crescimento. A visão de Beaudoin era transformar a Bombardier em uma fabricante global de aeronaves de primeira linha. No processo, porém, a empresa contraiu muitas dívidas, ao passo que o projeto sofreu com adiamentos e com os consequentes estouros de orçamento e custos excessivos.[23]

Os jatos entraram em operação em julho de 2016, com dezoito meses de atraso. No entanto, a subestimação da resposta competitiva por parte de Beaudoin foi o último prego no caixão. O C-Series foi projetado para competir com variantes de aeronaves da família A320, da Airbus, que decidiu reduzir os preços para confrontar a nova concorrente.[24] O resultado foram vendas fracas, prejuízos insustentáveis e, em última análise, a necessidade de permitir que a Airbus adquirisse o programa.[25] Em 2017, a Bombardier foi forçada a vender o controle do C-Series para a Airbus pela quantia simbólica de um dólar; a aeronave foi renomeada como A220.[26] Em 2020, o então CEO da Bombardier, Alain Bellemare, foi destituído do cargo. A lição é: líderes não devem dar um passo maior do que as pernas e se comprometer com visões inatingíveis. A capacidade de articular uma visão instigante com ousadia e autoconfiança é desejável, mas o que de início parece visionário pode se revelar megalomaníaco.

> Reflexão: Você já viu exemplos de líderes estabelecendo visões irrealistas ou mega-lomaníacas? Em caso afirmativo, qual foi o resultado?

DESENVOLVENDO SUAS CAPACIDADES VISIONÁRIAS

Você pode se tornar um visionário melhor — por meio da observação de-terminada, da visualização imaginativa e do esclarecimento. Uma técnica para desenvolver o visionarismo é o exercício do arquiteto: cada vez que entrar em uma nova casa ou escritório, reserve alguns minutos para pensar sobre as modificações que faria no espaço a fim de torná-lo um lugar mais agradável para morar ou trabalhar. Ao fazer isso, anote observações e lampejos criativos como base para reflexão. Manter um diário de pensamentos ajuda a capturar insights e gerar ideias para outros conceitos.

Outro processo útil é organizar um workshop de visionarismo, em que você e sua equipe se reúnem fora do local de trabalho para imaginar coletivamente o futuro da empresa. Nesses workshops, o grupo utiliza o reconhecimento de padrões (ver capítulo 1) para antecipar os cenários competitivos, regulatórios e financeiros que enfrentarão no futuro. Em seguida, por meio da análise de sistemas e do planejamento de cenários discutidos nos capítulos 2 e 3, você poderá investigar de que modo a organização deve enquadrar e resolver seus problemas mais importantes, conforme descrevemos no capítulo 4. Por fim, você pode trabalhar com a equipe para definir os planos da ambiciosa e exequível situação ideal que desejam alcançar.

Divida os participantes em pequenos grupos, nos quais cada pessoa descreve uma cena imaginada. Um membro de cada equipe reúne essas imagens e as apresenta a todos. O processo ajuda os líderes individuais a esclarecerem seus pensamentos e fornece uma noção do grau de mudança que a equipe de liderança talvez esteja disposta a aceitar. Isso contribui para que eles moldem uma visão de futuro aceita por todos, ao mesmo tempo que mantém maior controle do processo de visionarismo. O aspecto negativo é que muitas vezes esses workshops não incluem os subordinados. Envolver outras pessoas desde o início ajuda a estabelecer um comprometimento dentro da organização, embora alguns líderes possam não querer compartilhar uma visão até que esteja totalmente formada.

RESUMINDO

O visionarismo é o processo de criar uma descrição convincente e cativante do futuro e utilizar essa visão para guiar e motivar outros a realizá-la. Uma visão é um vislumbre inspirador do que a organização pode se tornar no futuro, fornecendo um senso de direção e propósito para a empresa e seus membros. No que diz respeito à liderança, o visionarismo envolve desenvolver e comunicar a visão por meio de uma simplificação poderosa e de uma narrativa que a alinhe às estratégias, políticas e ações da organização. O próximo capítulo analisa a sexta e última disciplina do pensamento estratégico: a *astúcia política*.

CHECKLIST DO VISIONARISMO

1. Até que ponto é importante desenvolver uma visão compartilhada para sua organização?
2. É melhor desenvolver a visão utilizando uma abordagem do tipo "olhar adiante e depois raciocinar de trás para a frente" ou do tipo "fazer um balanço geral e imaginar as possibilidades", ou ambas?
3. De que maneira você pode aprimorar sua capacidade de visão (por exemplo, praticando regularmente o "exercício do arquiteto")?
4. Como você pode melhorar sua capacidade de se comunicar de maneira simples e enérgica?

PARA SABER MAIS

Feitas para durar: Práticas bem-sucedidas de empresas visionárias, de Jim Collins e Jerry I. Porras

Comece pelo porquê: Como grandes líderes inspiram pessoas e equipes a agir, de Simon Sinek, e sua palestra TED "Como os grandes líderes inspiram à ação"

6. A disciplina da astúcia política

A astúcia política é a capacidade de percorrer o cenário relacional das organizações e influenciá-lo. Envolve compreender as dinâmicas de poder subjacentes, as motivações e os interesses dos diferentes participantes e as potenciais consequências dos vários planos de ação. A astúcia política é um elemento essencial do pensamento estratégico dos líderes pois lhes permite enfrentar e gerir com eficácia os ambientes de modo a atingir suas metas e objetivos. Trata-se de uma combinação de conhecimentos, competências e atitudes, e requer um profundo entendimento da sua organização, dos seus recursos e cultura, bem como do seu panorama político.

Quanto mais alto você sobe, mais políticas as organizações se tornam. Isso acontece em parte porque as pessoas que estão no topo são inteligentes e ambiciosas. Elas têm *pautas de prioridades* — tanto nos negócios quanto em termos de reconhecimento e avanço na carreira — que almejam efetivar. Contribuindo ainda mais para a politização no topo está o fato de que nesse nível os problemas a resolver e as decisões a tomar são mais ambíguos. Raramente existem respostas certas, por isso há um vigoroso debate sobre o melhor caminho a seguir. A combinação de pessoas ambiciosas e problemas ambíguos significa que a política se torna o principal motor de resultados nos mais altos patamares do mundo dos negócios. Para desenvolver e concretizar seus objetivos, você deve pensar de forma estratégica sobre a construção e sustentação de alianças no âmbito da sua organização.

Além disso, você precisa ser proativo quanto à modelagem do ambiente político externo em que sua organização atua. Isso significa estabelecer e gerir relações decisivas com clientes, fornecedores e outros participantes-chave na cadeia de valor, tais como empreendimentos conjuntos, consórcios e alianças com parceiros. Significa também unir forças com outras instâncias para influenciar as poderosas instituições que moldam as regras do jogo, incluindo governos em múltiplos níveis, organizações não governamentais, meios de comunicação social e investidores.

Para quem almeja influenciar as regras do jogo, é útil imaginar que você é um *diplomata corporativo*.[1] Os diplomatas internacionais procuram proteger e fomentar os interesses das nações criando relações, forjando alianças e negociando acordos. Na condição de diplomata corporativo, você deve aprender a fazer o mesmo a fim de salvaguardar e favorecer os interesses do seu negócio.

Se você deseja se tornar mais perspicaz em termos políticos, deve desenvolver a capacidade de diagnosticar sistemas políticos e desenvolver estratégias que impulsionem seus objetivos, tanto dentro quanto fora da organização. Sua habilidade para fazer isso depende, antes de mais nada, da sua disposição de acolher de bom grado a política e compreender sua lógica fundamental. A partir dessa base, você deve aprender a avaliar o cenário e usar seus insights para elaborar estratégias que influenciem as pessoas. Essas estratégias incluem tirar proveito do poder do processo justo para levá-las a concordar com suas ideias, tema que discutimos no capítulo 4, e reconhecer o impacto de visões instigantes que puxam as pessoas adiante, como vimos no capítulo 5.

COMPREENDENDO E ABRAÇANDO A POLÍTICA

Para compreender os perigos de não vestir a camisa da política ou de compreender de maneira equivocada sua lógica fundamental, tenha em mente o seguinte exemplo, que resume uma situação real. Depois de apenas quatro meses em seu novo emprego na Van Horn Foods, Alina Nowak (os nomes foram alterados) estava profundamente frustrada com a política burocrática na sede da corporação. Uma bem-sucedida profissional de vendas e marketing, Nowak ascendera na hierarquia de gestão de negócios nacionais da Van Horn, uma gigante internacional do setor de alimentos, para se tornar diretora administrativa geral da empresa na Polônia, seu país natal. Executiva obstinada, ambiciosa, afeita ao trabalho árduo e orientado para resultados, ela comandou um vertiginoso crescimento no desempenho da empresa em seu território.

Com base nesse sucesso, Nowak foi escolhida para reverter a situação temerária das operações da empresa nos Bálcãs. E prosperou nesse complexo ambiente multinacional. Dois anos e meio mais tarde, os negócios dos Bálcãs retomaram o caminho para atingir um crescimento sustentado de dois dígitos. Por essa razão, os altos escalões da Van Horn reconheceram o potencial de Nowak e decidiram que ela precisava de experiência regional de modo a se preparar para cargos mais importantes. Assim, Nowak foi nomeada vice-presidente regional de marketing para as operações da Van Horn na Europa, no Oriente Médio e na África (a região EMEA, no acrônimo em inglês). Nessa nova função, ela estava incumbida de supervisionar a estratégia de marketing, a marca e o desenvolvimento de novos produtos da região.

A Van Horn tinha uma estrutura matricial. Nowak reportava-se diretamente a Marjorie Aaron, vice-presidente sênior de marketing corporativo, na sede da empresa em Chicago, nos Estados Unidos. Tinha também uma relação de subordinação pontual com seu ex-chefe, Harald Eisenberg, vice-presidente internacional de operações da EMEA, a quem todos os diretores do país prestavam contas.

Nowak iniciou com entusiasmo os trabalhos em sua nova função, tendo conversas individuais com diretores-gerais de toda a região EMEA e com seu antigo chefe. Com base nessas discussões e nas suas próprias experiências no setor, ela concluiu que a questão mais premente na região era encontrar formas de gerir melhor a tensão entre centralizar e descentralizar as decisões de desenvolvimento de produtos. Especificamente, até que ponto a empresa deveria exigir a total padronização de formulações e embalagens de uma ponta a outra da região, e até que ponto deveria permitir alguma flexibilidade quanto a variações locais de sabor?

Nowak elaborou uma apresentação em que descrevia os resultados de sua avaliação inicial e fazia recomendações para implementar melhorias. Sua proposta incluía aumentar a centralização em algumas áreas (por exemplo, nas decisões relativas à identidade e ao posicionamento global da marca), ao mesmo tempo que dava aos diretores-gerais de cada país mais flexibilidade em outras (por exemplo, fazer ajustes limitados nas receitas). Em seguida ela agendou uma reunião virtual com Aaron e Eisenberg, que a ouviram atentamente e, ao que parecia, viram méritos em sua abordagem. Eles instruíram Nowak a consultar as partes interessadas mais afetadas por essa mudança — os executivos corporativos de desenvolvimento de produtos e marketing da Van Horn nos Estados Unidos e os diretores administrativos da região EMEA.

Seguindo a orientação de Aaron, Nowak marcou uma reunião virtual com David Wallace (vice-presidente corporativo sênior de desenvolvimento de produtos), a equipe dele e membros do time de marketing corporativo da Van Horn. Em seguida, embarcou num avião rumo a Chicago a fim de fazer uma apresentação para um grupo de cerca de trinta pessoas das equipes de desenvolvimento de produtos e marketing. Estas deram muitas sugestões, praticamente todas as quais resultariam numa maior centralização da tomada de decisões.

Durante a reunião, também ficou claro para Nowak — que reparou na linguagem corporal e ouviu com atenção os comentários — que havia consideráveis tensões entre as equipes corporativas de desenvolvimento de produtos e de marketing. "Entrei num campo minado", ela pensou, e saiu da reunião sentindo mais simpatia por seu antecessor na função de gestor de estratégia regional, com quem tinha frequentes embates quando era diretora administrativa geral do país.

A reunião de Nowak com os diretores administrativos da EMEA — seus antigos colegas — também não correu nada bem. Eles ficaram felizes em aceitar suas ideias em prol de maior flexibilidade, mas havia uma ferrenha oposição tão logo ela fazia qualquer menção a limites adicionais à autonomia dos diretores. Um dos mais respeitados, Rolf Eiklid, afirmou que obter mais flexibilidade nas áreas propostas não compensaria as prerrogativas das quais estariam abrindo mão. Como os diretores-executivos de cada país tinham responsabilidade pelos relatórios financeiros demonstrativos de lucros e perdas de seus territórios e dispunham de significativa autonomia na destinação de recursos locais, Nowak sabia que não poderia forçá-los a aceitar as mudanças. Agora ela se perguntava se, em seu novo papel de escopo regional, teria paciência e sutileza para navegar em meio às águas da política.

A experiência de Nowak é um clássico exemplo do que acontece quando líderes alcançam posições nas quais já não podem se fiar apenas na autoridade de seu cargo. Para ter sucesso, ela precisava virar a chave e começar a pensar e a agir de forma política, liderando por meio da influência, e não da autoridade.

A base aqui é assimilar a necessidade de pensar nas organizações através de lentes políticas. Para alguns líderes, fazer isso é um tormento. Se você não gosta de política, precisa superar a aversão. Uma estratégia é pensar que está construindo alianças a fim de alcançar coisas importantes.

O que significa pensar em termos políticos sobre as organizações? O ponto de partida é visualizar a empresa (e também o ambiente externo) como um conjunto de poderosos atores que estão no encalço de suas *pautas de prioridades* — combinações de objetivos organizacionais e pessoais que estão buscando. Conforme vimos no capítulo 2, as empresas são sistemas calcados em estruturas e processos que impactam o que é feito. Mas, como mencionamos, a combinação de pessoas ambiciosas e problemas ambíguos significa que decisões importantes no topo (e externamente) são muitas vezes tomadas porque contam com o respaldo de *coalizões vencedoras* dos mais importantes tomadores de decisões, ou não são tomadas devido à existência de *coalizões de bloqueio* de adversários.[2]

Para atingir seus objetivos, você precisa identificar potenciais coalizões vencedoras — as pessoas que coletivamente detêm o poder de dar apoio às suas propostas e prioridades — e pensar sobre a maneira como construirá essas coalizões. Nowak precisava da aprovação de Aaron e Wallace no lado corporativo e de Eisenberg no lado da EMEA. Juntos, eles eram a coalizão vencedora que ela precisava formar.

Pense também em potenciais coalizões de bloqueio — os conluios que coletivamente têm o poder de dizer "não" — e em como é possível evitar que a oposição se aglutine. Quem poderia se aliar para tentar bloquear seu programa de ação, e por quê? Como seus adversários podem se opor? Se você souber de onde provavelmente virá a oposição, terá chances de trabalhar para neutralizá-la. No caso de Nowak, havia potenciais coalizões de bloqueio na organização corporativa e entre os diretores-executivos regionais.

Reconheça ainda que relacionamentos e alianças *não* são a mesma coisa. Isso não quer dizer que os relacionamentos não sejam valiosos; são, sem dúvida. No entanto, não são a única base para construir alianças, porque também é essencial compreender as pautas de prioridades das pessoas e seu alinhamento — ou falta de alinhamento — com elas. Você pode cultivar um relacionamento sólido com alguém e ao mesmo tempo receber incentivos concorrentes. É possível também que mantenha um relacionamento neutro ou até negativo com alguém que é seu aliado, ou porque as plataformas políticas de ambos estão alinhadas ou porque vocês se apoiam mutuamente para alcançar objetivos complementares.

DEFININDO SEUS OBJETIVOS DE INFLUÊNCIA

O primeiro passo para incrementar sua influência é buscar clareza sobre *por que* você necessita do apoio dos outros. O objetivo de Nowak era negociar um novo acordo entre seus novos e antigos chefes quanto à forma como as decisões de marketing seriam tomadas na região EMEA. O status quo refletia um comprometimento de longa data entre os dois lados. À primeira vista, quaisquer mudanças propostas constituíam ganha-perde para um lado ou para outro. Daí se infere que um acordo, se é que pudesse de alguma forma ser firmado, seria um conjunto de negociações que ambos os lados poderiam ratificar.

> Reflexão: Há alguma dificuldade significativa de influência que você esteja enfrentando no momento? É útil para você pensar nisso de forma sistemática? Em caso afirmativo, reserve alguns minutos para escrever um resumo.

COMPREENDENDO OS PRINCIPAIS TOMADORES DE DECISÕES

Munido de uma compreensão clara acerca *do que* está tentando realizar, agora você pode se concentrar em saber *de quem* é o apoio essencial e *como* garanti-lo. Comece identificando as alianças que você precisa construir para atingir seus objetivos. Até que ponto é o caso de angariar o apoio de pessoas sobre as quais não exerce autoridade?

Talvez seja necessário examinar cuidadosamente se existem interações que você possa estabelecer, ou acordos que possa firmar e que porventura ajudem a conquistar as pessoas. A Figura 15 resume as "moedas" comuns de troca nas empresas, incluindo o fornecimento de recursos, inspiração, a confirmação de um estatuto mais elevado, a concessão de apoio pessoal e até mesmo a simples demonstração de apreço. Fazer isso bem requer clareza, não apenas em relação às suas necessidades, mas no que concerne ao que os outros consideram valioso.

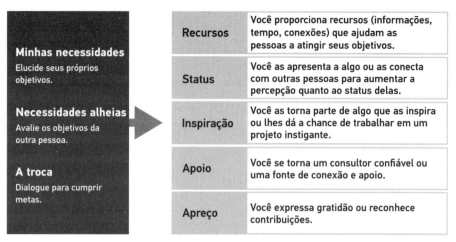

Figura 15: As moedas comuns para troca nas organizações.

Além de identificar *potenciais trocas*, é necessário avaliar as *pressões situacionais*, o que significa compreender as forças que orientam os principais tomadores de decisões dado o contexto em que atuam. Pense em termos de forças motrizes e forças restritivas. As forças motrizes são propulsores que empurram as pessoas na direção na qual você deseja que elas sigam, e as forças restritivas são motivos pelas quais elas diriam "não".[3] Os estudos em psicologia social demonstraram que as pessoas superestimam o impacto da personalidade e subestimam o impacto das pressões situacionais ao concluir sobre por que agem como agem.[4] A oposição de Rolf à proposta de Nowak talvez esteja enraizada em sua inflexibilidade e na necessidade de preservar poder e status, ou pode ser que ele esteja respondendo a pressões, como a necessidade de atingir seus objetivos no mundo corporativo. Assim, reserve algum tempo para pensar sobre as forças que impulsionam aqueles que você deseja influenciar. Em seguida, encontre maneiras de facilitar o impulso e eliminar algumas restrições.

Você precisará se concentrar também em como as pessoas que você deseja influenciar percebem as alternativas ou escolhas que têm. Quais são as opções entre as quais elas acreditam poder escolher? Fundamental para a sua *compreensão acerca das percepções das alternativas* é a capacidade de determinar se os oponentes julgam que a resistência declarada ou dissimulada pode ter êxito quanto a preservar o status quo. Se assim for, talvez seja essencial convencer os adversários de que o status quo já não é uma opção viável. Quando as pessoas acreditam que a mudança acontecerá não importa o que façam, muitas vezes o jogo se transforma de oposição total e sem reservas em competição para influenciar a mudança por vir. Nowak teria condições de convencer os principais tomadores de decisões de que a situação atual era inaceitável e de que a mudança precisava acontecer?

As preocupações em relação à implementação de acordos também se enquadram nessa categoria. As pessoas podem acreditar que as concessões feitas pelos outros não serão honradas e que é melhor lutarem pelo status quo do que se arriscarem numa alternativa. Caso as preocupações com *contratos inseguros* estejam atravancando o progresso, veja se há formas de aumentar os níveis de confiança. Por exemplo, você pode propor a introdução gradual das mudanças, vinculando cada etapa ao sucesso na implementação das etapas anteriores.

> Reflexão: Utilize a tabela a seguir para avaliar potenciais trocas a fim de conquistar os principais tomadores de decisões. Além disso, avalie as pressões situacionais que os impulsionam e as percepções das escolhas alternativas que eles acreditam ter.

Principais tomadores de decisões	Potenciais interações	Pressões situacionais	Alternativas

MAPEANDO REDES DE INFLUÊNCIA

Os tomadores de decisões costumam ser influenciados pelas opiniões e conselhos daqueles em quem confiam. Portanto, reserve um tempo para mapear *redes de influência*. Pergunte a si mesmo: Quem influencia quem nas questões urgentes? As redes de influência desempenham um papel considerável para determinar se você vai atingir seus objetivos. No que diz respeito a questões importantes, muitas vezes os tomadores de decisões acatam o parecer de outras pessoas em cujas opiniões confiam.

As redes de influência são canais de comunicação e persuasão que atuam em paralelo com a estrutura formal — uma espécie de organização colateral.[5] Como mapear redes de influência? Uma maneira simples é empregar o diagrama-alvo mostrado na Figura 16, usando o exemplo de Nowak para ilustrar como funciona. Comece identificando os principais tomadores de decisões e coloque-os no meio. Em seguida, identifique outras pessoas ou grupos que influenciam os tomadores de decisões e coloque-os em círculos mais afastados. Quanto mais distantes do centro estiverem, menor influência esses indivíduos ou grupos terão. Use setas para indicar a direção e a força da influência, com setas mais grossas indicando maior influência. Em seguida, avalie quem você acredita ser solidário, neutro e hostil. Por fim, identifique potenciais coalizões vencedoras e de bloqueio.

> Reflexão: Para o desafio de influência que você está enfrentando, seria valioso identificar os principais tomadores de decisões e mapear as redes de influência?

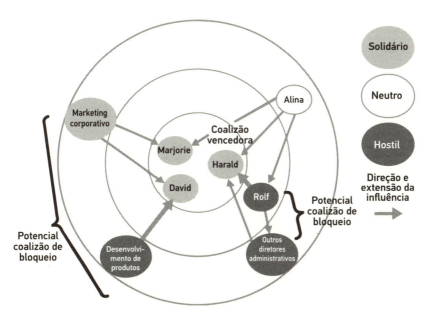

Figura 16: Mapeamento de redes de influência.

ELABORANDO SUAS ESTRATÉGIAS DE INFLUÊNCIA

Munido de uma percepção mais profunda das pessoas que é preciso influenciar, é hora de desenvolver suas estratégias de influência tirando proveito destas sete ferramentas:

- Consulta
- Enquadramento
- Pressão social
- Modelagem de escolhas
- Envolvimento
- Sequenciamento
- Eventos que impulsionam a ação

A *consulta* é uma técnica de influência que promove a adesão porque as pessoas se sentem envolvidas no resultado. Ser eficaz na consulta significa que você deve praticar uma escuta ativa. Jeff Immelt, ex-CEO da General Electric, descreveu a atitude de ouvir como "a habilidade mais subvalorizada e menos desenvolvida no mundo dos negócios, sobretudo numa era de crescente incerteza e mudanças em ritmo acelerado".[6] No entanto, quanto mais alta a posição a que os líderes chegam na hierarquia, menos propensos estão a ouvir. E talvez os subordinados relutem em lhe dizer certas coisas. É possível superar isso buscando informações, sugestões, opiniões e comentários e incorporando feedback na sua abordagem. Uma boa consulta começa com a apresentação de questões genuínas e bem desenhadas e com o incentivo às pessoas para que expressem suas reais preocupações. Em seguida, você resume e dá retorno ao que ouviu.

Esse enfoque sinaliza que você está prestando atenção e levando a conversa a sério. O poder da escuta ativa como estratégia de influência é tremendamente subestimado. Trata-se de uma abordagem capaz de facilitar a aceitação de decisões difíceis, canalizar o pensamento das pessoas e ajudar a enquadrar de forma produtiva as escolhas. Uma vez que as perguntas que os líderes fazem e a forma como resumem as respostas exercem um efeito poderoso sobre as percepções dos outros, a escuta ativa e o enquadramento são técnicas persuasivas impactantes. Para mais conselhos sobre como ouvir de maneira ativa, consulte a tabela a seguir.

Esteja presente

Dê à pessoa sua atenção total e exclusiva.

- Concentre sua atenção apenas no interlocutor; afaste-se do computador e ignore o celular.
- Faça contato visual direto.
- Evite olhar para outras pessoas ou coisas.
- Parafraseie o que você ouviu usando suas próprias palavras. Por exemplo: "O que eu ouvi é que...".
- Se necessário, esclareça sua compreensão do que foi dito. Por exemplo: "Se bem entendi, você está me dizendo que...".

Faça perguntas

Aprenda com a conversa, em vez de apenas confirmar suas convicções preexistentes.

- Faça perguntas que exijam uma resposta reflexiva; evite perguntas que exijam respostas do tipo sim/não.
- Utilize "Conte-me mais a respeito disso" para obter detalhes.
- Utilize "Por que você acha que é esse o caso?" para sondar a compreensão das causas e efeitos.
- Utilize "O que aconteceria se...?" e "Mas aí o que aconteceria?" para expandir o pensamento sobre as consequências.

Incentive

Incentive a pessoa a lhe dizer o que está pensando.

- Demonstre estar ouvindo com atenção: faça interrupções mínimas: "Aham", "Hum", "Sim", "Sei".
- Meneie a cabeça para indicar que está ouvindo.
- Incline-se em direção à pessoa.
- Ouça sem interromper, bloqueie seu julgamento e não imponha soluções.
- Legitime os sentimentos da pessoa e demonstre empatia. Por exemplo: "Você parece estar se sentindo...".

Resuma

Resuma o que ouviu e os acordos que foram feitos.

- Comece com uma declaração final: "Para resumir nossa conversa...".
- Inclua os fatos, informações e acordos mais importantes feitos durante a conversa.
- Verifique se seu interlocutor tem a mesma compreensão que você. "Então, você acha que está bom assim?"
- Agradeça à pessoa pela conversa.

Enquadramento significa empregar argumentos e analogias para articular sua definição do problema a ser resolvido e o conjunto de soluções aceitáveis — elaborar cuidadosamente seus argumentos persuasivos junto às pessoas, uma a uma. Suas mensagens devem ter um tom apropriado, tirar vantagem das motivações e pautas de prioridades das pessoas que você pretende influenciar e, de maneira decisiva, moldar a forma como os principais envolvidos percebem as alternativas de que dispõem.

Nowak, por exemplo, deveria ter investigado a fundo o que seria preciso fazer para levar o diretor-executivo Eiklid a modificar sua posição — de hostil para, ao menos, neutro e, idealmente, solidário. Ele tinha preocupações específicas que ela poderia ter abordado? Existia um conjunto de negociações que Eiklid consideraria atraentes caso sua implementação fosse assegurada? Havia alguma forma de ajudá-lo em pautas de seu interesse em troca do apoio à estratégia de Nowak?

Ao enquadrar seus argumentos, lembre-se das categorias retóricas de Aristóteles: logos, éthos e páthos.[7] O logos trata de apresentar argumentos lógicos — utilizar dados, fatos e razões fundamentadas para construir sua argumentação a favor da mudança. O éthos trata de elevar os princípios que devem ser aplicados (como a justiça) e os valores que devem ser defendidos (por exemplo, a cultura do trabalho em equipe) na tomada de decisões. O páthos diz respeito a estimular conexões emocionais com as pessoas que você procura influenciar — por exemplo, comunicar uma visão inspiradora do que poderia ser realizado.

Enquadrar significa comunicar argumentos-chave, que são repetidos até serem absorvidos. Em essência, isso se assemelha à ideia de simplificação poderosa discutida no capítulo 5. A repetição é eficaz porque as pessoas aprendem melhor por meio do reforço. Na terceira ou quarta vez que ouvimos uma música, não conseguimos mais tirá-la da cabeça. É possível, porém, que de tanto ouvir uma mesma música fiquemos enjoados dela. Da mesma forma, usar as mesmas palavras repetidas vezes deixa evidente demais que você está tentando persuadir, o que pode provocar uma reação negativa. A arte da comunicação eficaz é repetir e elaborar em detalhes temas centrais sem parecer um papagaio.

Ao enquadrar seus argumentos, pense em como "imunizar" as pessoas contra os argumentos contrários que você espera que surjam de seus oponentes. Apresentar e refutar de forma cabal contra-argumentos e contestações fracos fortalece o público contra os mesmos argumentos quando eles aparecem em formas mais potentes. A tabela a seguir fornece um checklist simples para enquadrar argumentos que você precise apresentar. Utilize as seguintes categorias e perguntas a fim de identificar a melhor forma de convencer as pessoas.

Logos — dados e argumentos fundamentados	• Quais dados ou análises as pessoas podem considerar persuasivos? • Que tipo de lógica atrairia as pessoas?
Éthos — princípios, diretrizes, orientações e outras "regras"	• É possível convencer as pessoas de que existem certos princípios ou normas que deveriam entrar em vigor aqui? • Se você for pedir às pessoas que se oponham a um princípio ou contrariem uma diretriz, pode ajudá-las a justificar essa exceção?
Páthos — emoções e significado	• Existem gatilhos emocionais — por exemplo, lealdade ou contribuição para o bem comum — aos quais você poderia recorrer? • Você é capaz de ajudar as pessoas a criarem um senso de significado apoiando ou repelindo alguma causa? • Se as pessoas tiverem uma reação emocional desmedida, você é capaz de ajudá-las a dar um passo atrás e ver as coisas de forma objetiva e coerente?

A *pressão social* é o persuasivo impacto das opiniões das outras pessoas e das normas da sociedade e dos grupos de identidade dos quais elas fazem parte. Saber que alguém respeitadíssimo já endossa determinada decisão altera a avaliação que os outros fazem do grau de atratividade dessa decisão. Assim, convencer os formadores de opinião a assumirem compromissos de apoio e a mobilizarem suas redes pode proporcionar um poderoso efeito de alavancagem.

Estudos realizados por psicólogos sociais, incluindo Robert B. Cialdini, autor de *Influência*, sugerem que as pessoas preferem se comportar das seguintes maneiras:[8]

- *Aferrar-se com unhas e dentes a valores e convicções firmemente arraigados:* As pessoas tendem a compartilhar valores com os grupos com os quais se identificam. Se você lhes pedir que se envolvam em um comportamento incongruente com esses valores, é certo que resistirão. Como observa James Clear, autor do artigo "Why Facts Don't Change Our Minds", tentar persuadir os outros a mudarem coisas que estão profundamente ligadas a seu próprio senso de identidade tende a ser um esforço infrutífero.[9]

- *Apegar-se com obstinação a compromissos e decisões anteriores:* O descumprimento de compromissos tende a acarretar sanções sociais, e a incoerência sinaliza falta de confiabilidade e prejudica reputações. As pessoas preferem não fazer escolhas que exijam delas a reversão de compromissos anteriores ou a criação de precedentes indesejáveis.

- *Retribuir favores e obrigações:* A reciprocidade é uma norma social das mais fortes, e as pessoas são vulneráveis a apelos que invocam favores passados que receberam de você e de outros.

- *Preservar reputações:* As escolhas que preservam ou melhoram a reputação de uma pessoa são vistas com bons olhos, ao passo que aquelas que podem colocá-la em risco são vistas de forma negativa.

O que fica subentendido é que você precisa evitar, na medida do possível, pedir que os outros façam coisas incongruentes com sua identidade e compromissos previamente assumidos, que diminuam seu status, ameacem sua reputação ou incorram no risco de suscitar a desaprovação de pessoas respeitadas. Tenha em mente o seguinte: se alguém que você precisa influenciar está empenhado em um compromisso concorrente anterior, cabe a você procurar maneiras de ajudá-lo a escapar com elegância dessa obrigação.

A *modelagem de escolhas* consiste em influenciar a forma como as pessoas percebem as alternativas que têm, de que maneira a tornar difícil para elas dizer "não". Ou, como afirma Roger Fisher, coautor de *Como chegar ao sim*, tente sempre oferecer opções na forma de "uma proposta que gere um 'sim'".[10] Por vezes é melhor enunciar as escolhas de modo amplo, e por vezes de forma mais restrita. Se você está pedindo a alguém para apoiar algo que pode ser visto como um precedente indesejável, é melhor conceber a situação como algo isolado, independente de outras decisões. Em circunstâncias diferentes, talvez seja melhor articular as coisas em termos de conexões com preocupações mais relevantes.

É difícil persuadir as pessoas em relação a escolhas que elas consideram ser propostas do tipo ganha-perde. Ampliar a gama de questões ou opções pode facilitar negociações mutuamente benéficas que aumentam o tamanho do bolo. Da mesma forma, a presença de questões tóxicas e irreconciliáveis implica o risco de paralisar o progresso. Vez por outra é possível neutralizá-las, deixando-as de lado para consideração futura ou assumindo compromissos antecipados que atenuem ansiedades.

O *envolvimento* é a ideia de que, progredindo passo a passo, é possível levar as pessoas a lugares aos quais elas não iriam em um único pulo. Mapear um caminho progressivo que vai de A até B é uma eficaz estratégia de influência, porque cada pequeno passo cria uma nova linha de base para as pessoas decidirem se devem dar o passo seguinte. Envolver as pessoas no diagnóstico compartilhado dos problemas organizacionais é uma forma de fazer isso. Se você envolver pessoas decisivas logo no início do diagnóstico dos problemas, será difícil para elas evitar a necessidade de tomar decisões difíceis mais tarde. Assim que houver consenso sobre o problema, você pode passar à definição das opções e depois aos critérios para avaliá-las. No final de um processo desse tipo, as pessoas invariavelmente estão dispostas a aceitar resultados com os quais nunca teriam concordado no início.

Uma vez que o envolvimento pode ter um impacto descomunal, é essencial influenciar a tomada de decisões antes que o impulso se avolume e se desloque na direção errada. A melhor maneira de acumular poder de influência nas organizações é tomando a iniciativa de trazer problemas à tona e enquadrá--los. Conforme mencionamos, os processos de tomada de decisões são como rios: as grandes decisões são moldadas com vigor por processos anteriores que definem o problema, identificam alternativas e estabelecem critérios para avaliar custos e benefícios. No momento em que o problema e as opções são definidos, o rio já está fluindo torrencialmente e rasgando um canal em direção a um resultado específico.

Sequenciamento significa ser estratégico em relação à ordem em que você influencia as pessoas a fim de criar impulso nas direções desejadas, como vimos no capítulo 3.[11] Se você abordar primeiro as pessoas certas, conseguirá acionar um ciclo virtuoso de construção de alianças. Conquistar um aliado respeitado facilita o recrutamento de outros — e assim sua base de recursos aumenta. Com um apoio mais amplo, aumenta também a probabilidade de sua pauta de prioridades ser bem-sucedida, o que torna mais fácil mobilizar novos apoiadores. Com base em sua avaliação dos padrões de influência na Van Horn, por exemplo, a linha de ação de Nowak deveria ter sido reunir-se *primeiro* com pessoas decisivas do marketing corporativo e só *depois* com David Wallace, o vice-presidente de desenvolvimento de produtos, para tentar assegurar seu apoio.

De forma mais geral, o plano de sequência de ações de Nowak deveria ter consistido numa bem estudada e bem ponderada série de conversas individuais e reuniões de grupo a fim de criar impulso para um novo acordo. A questão aqui é acertar na mistura. As reuniões individuais são eficazes para sondar o terreno e averiguar a situação — por exemplo, ouvir as posições das pessoas, moldar os pontos de vista dos interlocutores por meio do fornecimento de informações novas ou adicionais, ou negociar acordos paralelos. Contudo, numa negociação séria, os participantes muitas vezes não estão dispostos a fazer concessões e assumir compromissos definitivos, a menos que estejam sentados cara a cara com outras pessoas. É aí que as reuniões de grupo são especialmente eficazes.

Eventos que impulsionam a ação são abordagens que fazem com que as pessoas parem de postergar decisões, adiando e evitando o comprometimento de recursos escassos.[12] Quando seu sucesso exige a ação coordenada de muitas pessoas, a protelação de um único indivíduo pode ter um efeito cascata, dando aos outros uma desculpa para não seguir adiante. Você deve, portanto, eliminar a inação como opção. Faça isso configurando eventos que impulsionam a ação e induzem as pessoas a se comprometer ou agir. Reuniões, sessões de revisão, teleconferências e definição de prazos são medidas que ajudam a criar e manter o impulso e aumentar a pressão psicológica para que as pessoas prossigam até o fim.

> Reflexão: Levando em conta o desafio de influência que você vem analisando, é possível tirar proveito das sete estratégias — consulta, enquadramento, pressão social, modelagem de escolhas, envolvimento, sequenciamento e eventos que impulsionam a ação — para atingir seus objetivos?

A IMPORTÂNCIA DA INTELIGÊNCIA EMOCIONAL

A sua habilidade de influenciar depende em grande medida da sua inteligência emocional: a capacidade de ver além de objetivos e perspectivas pessoais. Essa competência permite que nos coloquemos no lugar dos outros. Líderes com maior inteligência emocional são melhores em ler as emoções de outras pessoas, o que constitui a base para uma influência social eficaz. Entre as maneiras de melhorar essa competência incluem-se decifrar a linguagem corporal, captar o estado de ânimo do ambiente e praticar a arte da escuta ativa. Isso significa compreender de forma consciente o significado transmitido pelas palavras, em vez de apenas ouvi-las passivamente.

A autoconsciência o ajudará a gerenciar seus comportamentos e emoções. Você pode turbinar seus níveis de autopercepção de duas maneiras: observando que seus sentimentos têm um efeito cascata e impactam os outros, e atentando para atitudes e situações que despertam reações emocionais de raiva, irritação ou exasperação.

Uma forma certeira de desenvolver sua inteligência emocional é por meio de um exercício chamado "posições perceptivas",[13] que adota perspectivas deliberadamente diferentes das suas em situações difíceis. Claro que é natural olhar o mundo através das lentes de seus interesses e aspirações. No

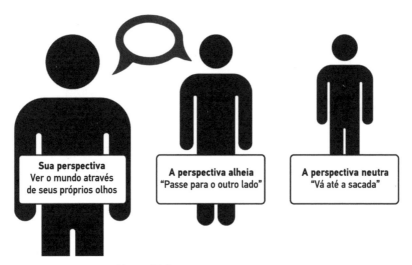

Figura 17: As três posições perceptivas.

entanto, isso também significa que talvez você tenha pontos cegos ou vieses que o impedem de perceber o problema real ou de identificar maneiras mais construtivas de abordar e resolver uma situação.

O primeiro enfoque é esforçar-se para ver a situação através dos olhos da outra pessoa envolvida. Faça o melhor que puder a fim de enxergar a situação como você imagina que outras pessoas enxergariam. Ao fazer isso, lembre-se de que empatia não é o mesmo que compaixão. Compreender a perspectiva do outro não significa que você precisa abrir mão do que está tentando fazer. Porém, não há mal algum em se ter uma compreensão mais profunda.

O segundo enfoque é adotar uma visão neutra, impassível e imparcial acerca do que está acontecendo. Pergunte a si mesmo: O que alguém sem histórico de envolvimento ou interesse explícito na situação pensaria e observaria? Que conselho você daria à outra pessoa sobre como lidar com a questão?

O objetivo desse exercício é tornar-se fluido na alternância entre as três perspectivas. Comece, na primeira posição, refletindo sobre como você vê a situação. Em seguida, passe para o outro lado e veja se a nova posição proporciona novas percepções ou pontos de vista. Depois vá até a sacada, encare o problema de uma perspectiva neutra e veja se essa posição revela aspectos novos ou diferentes. Por fim, retorne à sua perspectiva original e avalie cuidadosamente se seu pensamento sofreu alguma alteração. Se for praticado com diligência, o exercício das posições perceptivas aumentará sua inteligência emocional e, assim, sua capacidade de tirar proveito dela e influenciar outras pessoas.

DESENVOLVENDO SUA ASTÚCIA POLÍTICA

Você pode desenvolver sua *astúcia política* concentrando-se de forma resoluta em enxergar o mundo através de lentes políticas. Reserve um tempo para observar e analisar o cenário político da sua organização e o ambiente externo. Comece avaliando quem tem influência: Quais são as pautas de prioridades e as fontes de poder dessas pessoas? Elas detêm um profundo conhecimento técnico ou acesso à informação? Ou o seu poder é respaldado pelo acesso aos principais tomadores de decisões ou por alianças com outras figuras influentes?

Em seguida, experimente usar as ferramentas de influência já discutidas aqui — enquadramento, modelagem de escolhas e sequenciamento. Pergunte a si mesmo de que maneira você pode enquadrar melhor seus argumentos a fim de atrair os interesses das partes mais influentes: De que forma você gostaria que elas percebessem as alternativas de que dispõem? Qual é a melhor ordem para falar com as pessoas de modo a criar impulso?

Por fim, trabalhe nas suas redes. A astúcia política geralmente envolve a formação e o aproveitamento de uma rede de relacionamentos, dentro ou fora da organização. Investir no desenvolvimento e fortalecimento de suas habilidades de networking e na construção de uma diversificada e estratégica rede de contatos irá ajudá-lo a se tornar mais influente.

RESUMINDO

A astúcia política ajuda você a se movimentar pelo cenário político das organizações e exercer influência nesse ambiente. Ao compreender a dinâmica de poder subjacente, as questões prioritárias e programas de ação dos diferentes participantes e os padrões de influência, você será capaz de formular estratégias melhores para construir alianças que darão apoio a seus objetivos. Existem muitas ferramentas para exercer influência nas organizações, incluindo consulta, enquadramento, pressão social e sequenciamento.

CHECKLIST DA ASTÚCIA POLÍTICA

1. Quais são as alianças mais importantes que você precisa construir — tanto dentro da organização quanto fora dela — para fazer sua pauta de prioridades avançar?

2. Quais são as metas e interesses das outras partes influentes? Em que ponto a pauta de prioridades delas pode se alinhar com a sua, e em que ponto talvez entre em conflito?

3. Como funciona a influência na organização? Quem cede a quem nas questões-chave?

4. Quais são as motivações das pessoas essenciais, as pressões situacionais que as impulsionam e as percepções que elas têm acerca das escolhas que fazem?

5. Quais são os elementos de uma estratégia de influência eficaz? De que maneira você deve formular seus argumentos? Ferramentas de influência — como envolvimento, sequenciamento e eventos que impulsionam a ação — podem ajudar?

PARA SABER MAIS

Influência: A psicologia da persuasão, de Robert B. Cialdini

Como chegar ao sim: Como negociar acordos sem fazer concessões, de Roger Fisher, William Ury e Bruce Patton

Supere o não: Como negociar com pessoas difíceis, de William Ury

7 regras do poder: Conselhos surpreendentes e genuínos para crescer profissionalmente, de Jeffrey Pfeffer

Conclusão

Desenvolvendo sua capacidade de pensamento estratégico

Na Introdução, sintetizamos a capacidade de pensamento estratégico (CPE) dos líderes empresariais usando a seguinte equação:

CPE = dom + experiência + exercício

Seu *dom* (ou talento inato) é construído por sua genética e educação. A *experiência* é seu envolvimento em situações que desenvolvem sua capacidade de pensamento estratégico, de preferência aquelas em que você pode demonstrar suas habilidades para líderes mais tarimbados e em posição hierárquica superior. O *exercício* é o trabalho mental que você faz para fortalecer os músculos do pensamento estratégico.

Por definição, em relação a seu dom como pensador estratégico não há nada a se fazer. A chave, então, é se concentrar nas maneiras de melhorar, independentemente do seu ponto de partida. Fazer isso significa adquirir experiência e exercitar o cérebro.

GANHANDO EXPERIÊNCIA (E EXPOSIÇÃO)

"A questão não é quem você conhece, é quem conhece você" é um princípio básico da construção de networking. É também uma parte central do pensamento estratégico. Não basta ser um pensador estratégico consistente; as pessoas que influenciam sua trajetória profissional — seu chefe, outros líderes em posição hierárquica superior, os executivos de RH e de desenvolvimento de talentos — precisam ver que você tem potencial e capacidade.

Muitos líderes se debatem com isso porque não têm oportunidades de demonstrar habilidades de pensamento estratégico. Para aumentar sua visibilidade, você — seja qual for a função que desempenha — deve fazer o seguinte:[1]

- *Mostre que tem uma visão ampla das coisas:* Ajude os outros a verem que você tem um conhecimento profundo do contexto e das dificuldades da organização. Aproveite as oportunidades para vincular discussões sobre questões atuais ao panorama geral.
- *Demonstre que tem pensamento crítico:* Esforce-se sempre para fundamentar seus argumentos em análises sólidas e mostrar de que maneira chegou às suas conclusões. Tanto no âmbito escrito como verbal, procure se comunicar de forma concisa e lógica.
- *Tenha um ponto de vista:* Antes de cada interação em que houver a possibilidade de se discutirem questões estratégicas, reserve algum tempo para examinar os principais tópicos e análises. Pense nas ideias e insights específicos com os quais poderia contribuir, ou nas perguntas que poderia fazer.
- *Destaque sua habilidade de observar tendências e prever cenários:* Ajude os outros a perceberem que você está em sintonia com as tendências relevantes. Mostre que é capaz de olhar além do agora e prever como o futuro poderá se desenrolar.
- *Fale como um pensador estratégico:* Utilize palavras e expressões que realcem sua capacidade de pensamento estratégico, tais como "objetivos estratégicos", "causas raízes" e "respostas competitivas".
- *Envolva-se em desafios construtivos:* Faça as perguntas difíceis sem ser destrutivo ou desrespeitoso. Mostre que não leva as coisas ao pé da letra e é capaz de pensar em alguns movimentos para especular sobre prováveis desdobramentos.
- *Não requente os problemas; reformule-os:* Identifique novas maneiras de definir o problema e as soluções potenciais. Esteja atento às oportunidades de demonstrar sua flexibilidade mental para encarar as coisas a partir de múltiplas perspectivas.

EXERCITANDO O CÉREBRO

Na Introdução, defini o pensamento estratégico como "o conjunto de disciplinas mentais a que os líderes recorrem para identificar potenciais ameaças e oportunidades, estabelecer prioridades sobre onde se concentrar e mobilizar esforços no sentido de vislumbrar e implementar caminhos promissores". Também identifiquei seis disciplinas mentais que coletivamente estabelecem as bases do pensamento estratégico: reconhecimento de padrões, análise de sistemas, agilidade mental, resolução estruturada de problemas, visionarismo e astúcia política.

É possível aperfeiçoar sua capacidade intelectual para desenvolver as seis disciplinas. Isso ocorre graças à *neuroplasticidade*. Até o final da década de 1990, os cientistas acreditavam que o cérebro humano permanecia relativamente estático após a primeira infância. No entanto, pesquisas posteriores demonstraram a milagrosa capacidade do cérebro de forjar e refazer continuamente os caminhos e conexões neurais que processam informações, contanto que sejam estimulados de maneiras específicas.[2] A consequência de desenvolver a habilidade do pensamento estratégico é que você pode contar com uma melhora, desde que tenha a disciplina para fazer os exercícios mentais corretos. A seguir, apresento uma síntese desses exercícios para cada uma das seis disciplinas. Crie seu próprio plano de treinamento de pensamento estratégico, fazendo combinações constantes dos exercícios.

DESENVOLVENDO A DISCIPLINA DO RECONHECIMENTO DE PADRÕES

O reconhecimento de padrões é a capacidade do cérebro humano de identificar e detectar regularidades (ou padrões) no ambiente que nos rodeia. No mundo dos negócios, é a habilidade de observar os domínios complexos, incertos, voláteis e ambíguos em que sua empresa atua e identificar potenciais ameaças e oportunidades.

Para desenvolver suas habilidades de reconhecimento de padrões, concentre-se no seguinte:

- *Aprenda sobre os mecanismos subjacentes:* Conhecer os princípios e mecanismos subjacentes ao reconhecimento de padrões humanos irá ajudá-lo a compreender de que maneira seu cérebro processa e reconhece padrões. Isso lhe proporcionará estratégias para melhorar suas habilidades.

- *Mergulhe de cabeça:* Sua capacidade de reconhecer padrões pode ser aprimorada se você se dedicar à aprendizagem de áreas de interesse específicas. Tente discernir as principais variáveis que impulsionam a mudança e reconheça as tendências nesses domínios. Cultive a curiosidade acerca de por que as coisas funcionam da maneira como funcionam.

- *Entre em contato com especialistas:* Procure pessoas que já conheçam profundamente as áreas de seu interesse. Peça ajuda a elas para entender como separar o sinal do ruído e identificar os padrões mais importantes.

DESENVOLVENDO A DISCIPLINA DA ANÁLISE DE SISTEMAS

A análise de sistemas trata da construção de modelos mentais simplificados de domínios complexos, girando em torno das conexões e interações entre os elementos de um sistema, e não nos componentes individuais tomados isoladamente.

Para desenvolver suas habilidades de análise de sistemas, concentre-se em:

- *Compreender os princípios da análise de sistemas:* Para pensar de maneira eficaz sobre sistemas complexos, é útil ter uma boa compreensão dos conceitos subjacentes e de como são aplicados. Você pode aprender sobre isso lendo livros e artigos, participando de workshops ou programas de treinamento e trabalhando em conjunto com pensadores sistêmicos experientes.

- *Praticar a análise e o pensamento sobre sistemas:* Tal qual muitas outras habilidades, o pensamento sistêmico melhora com a prática. Quanto mais você exercitar a capacidade de ver o mundo em termos de sistemas, melhor se tornará nessa tarefa — seja aplicando o pensamento sistêmico a problemas do mundo real ou trabalhando em estudos de caso e simulações.

DESENVOLVENDO A DISCIPLINA DA AGILIDADE MENTAL

A agilidade mental permite observar situações a partir de múltiplas perspectivas, pensar em potenciais cenários hipotéticos e antecipar ações e reações. Essa disciplina o habilita a olhar além da situação atual e ponderar sobre as consequências de longo prazo de diferentes planos de ação.

Você pode desenvolver sua agilidade mental:

- *Praticando a mudança de nível:* Seja determinado quanto a mudar sua perspectiva do quadro geral para os detalhes mais sutis e vice-versa. Se você estiver atolado no chão, tente elevar seu ponto de vista. Se estiver perdido nas nuvens, discipline-se para retornar ao nível do solo.
- *Participando de atividades que desenvolvam sua capacidade de jogar:* Muitas atividades e jogos, tais como xadrez, palavras cruzadas e quebra-cabeças, ajudam a melhorar a agilidade mental e aprimorar sua capacidade de pensar sobre movimentos e contra-ataques.

DESENVOLVENDO A DISCIPLINA DA RESOLUÇÃO ESTRUTURADA DE PROBLEMAS

A resolução estruturada de problemas divide o processo de análise de problemas em etapas distintas, como identificar as principais partes interessadas, enquadrar o problema, gerar soluções potenciais e avaliar, selecionar e implementar a melhor delas.

Para desenvolver essa capacidade, siga as seguintes etapas:

- *Compreender os princípios da resolução estruturada de problemas:* Aqui é essencial ter uma boa compreensão dos princípios básicos, tais como as etapas do processo, as ferramentas e técnicas utilizadas em cada etapa e as armadilhas e dificuldades mais corriqueiras.
- *Praticar a resolução estruturada de problemas:* Tal como acontece com outras disciplinas do pensamento estratégico, a capacidade vai melhorando com a prática. Quanto mais você exercitá-la, melhor se tornará

nessa disciplina. Isso pode exigir que você trabalhe numa variedade de problemas e busque feedback e orientação de outras pessoas.

DESENVOLVENDO A DISCIPLINA DO VISIONARISMO

O visionarismo é o processo de criar uma visão convincente, cativante e inspiradora para o futuro de uma organização e comunicar essa visão a fim de orientar e motivar outras pessoas. Uma visão é uma imagem ideal, clara e inspiradora, do que a organização pode vir a se tornar, e ajuda a proporcionar um senso de direção e propósito para a organização e seus membros.

Você pode turbinar as habilidades de visionarismo:

- *Compreendendo os princípios da visão eficaz:* Para ser um bom visionário, você precisa ter uma sólida compreensão dos princípios subjacentes, tais como o papel da visão na liderança, as características de uma visão impactante e o processo de desenvolvimento e comunicação de uma visão por meio de simplificações poderosas.
- *Praticando o microvisionarismo:* Encontre pequenos exemplos de problemas, questões ou situações em que você possa praticar suas habilidades visionárias. Ao detectar essas oportunidades, pense no que faria para melhorar substancialmente as coisas. Por exemplo, utilize o "exercício do arquiteto" descrito no capítulo 5 e imagine como uma sala ou uma casa poderia ser organizada de forma diferente.

DESENVOLVENDO A DISCIPLINA DA ASTÚCIA POLÍTICA

A astúcia política é a habilidade de percorrer e influenciar as paisagens políticas internas e externas de uma organização. Para desenvolvê-la, você deve compreender as motivações e interesses das diferentes partes interessadas, mapear redes de relacionamentos e elaborar estratégias de influência ao mesmo tempo que:

- *Observa e analisa cenários políticos:* Acompanhe atentamente sua organização e o ambiente externo através de lentes políticas. Concentre-se em identificar as partes interessadas e avaliar seus interesses e pautas de prioridades.
- *Busca compreender a dinâmica do poder e da influência:* Procure padrões nas pessoas que detêm o poder e descubra por que isso acontece, bem como quem influencia quem e por quê.

Além dos conselhos sobre as seis disciplinas, existem alguns hábitos mais gerais que você pode cultivar a fim de aprimorar sua capacidade de pensamento estratégico:

- *Refletir sobre seu pensamento e submetê-lo a avaliação:* Reserve algum tempo para refletir de tempos em tempos sobre seu progresso e para avaliar os pontos em que está indo bem e em que precisa melhorar. Isso irá ajudá-lo a identificar aspectos nos quais se concentrar, de modo que você continue a se aprimorar como um pensador estratégico.
- *Buscar feedback e aconselhamento:* Para se tornar um pensador estratégico melhor, seja sistemático no que diz respeito a procurar contribuições (ideias, opiniões, sugestões, comentários) de outras pessoas, tais como mentores, colegas ou especialistas. Elas são capazes de fornecer perspectivas e insights valiosos, que irão ajudá-lo a melhorar suas habilidades.

CONSTRUINDO UMA EQUIPE DE PENSAMENTO ESTRATÉGICO

Ao longo deste livro, me concentrei no desenvolvimento da capacidade do pensamento estratégico de líderes individuais como você. A realidade, porém, é que no mundo dos negócios uma boa parte do pensamento estratégico acontece em equipes. Por isso, é essencial pensar em maneiras como você pode desenvolver a capacidade de sua equipe pensar em termos estratégicos.

Comece ajudando sua equipe a entender o que é e o que não é o pensamento estratégico. Em seguida, concentre-se na maneira de abordar o ciclo reconhecer-priorizar-mobilizar (Figura 1), avaliando ao mesmo tempo até que ponto você é eficaz e como diminuir a duração do ciclo.

Posteriormente, apresente as seis disciplinas e, talvez em sessões separadas, examine cada uma com detalhes, definindo-as, explicando por que são importantes e como desenvolvê-las. Correndo o risco de ser interesseiro e cabotino, sugiro que instrua os membros da sua equipe a lerem e discutirem com você os capítulos deste livro.

Além disso, há muitas outras coisas que você pode fazer para desenvolver a capacidade de pensamento estratégico de sua equipe:

- *Incentive uma cultura de pensamento estratégico:* Crie uma cultura que valorize e estimule o pensamento estratégico por meio de imitação de modelos, reconhecendo e recompensando essa habilidade entre os membros da equipe.
- *Ofereça oportunidades de desenvolvimento:* Cogite oferecer treinamento e desenvolvimento para que os membros de sua equipe aperfeiçoem suas próprias habilidades de pensamento estratégico. Isso inclui workshops, seminários, programas de mentoria e oportunidades para aprender com especialistas na área.

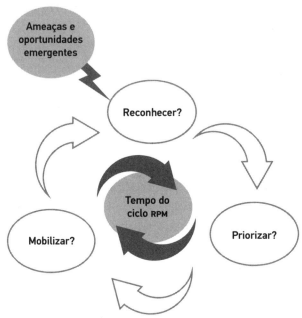

Figura 1: O ciclo reconhecer-priorizar-mobilizar (RPM).

- *Fomente a colaboração:* Incentive os integrantes da sua equipe a compartilhar ideias para expandir suas perspectivas e desenvolver habilidades de reconhecimento de padrões. Dedique algum tempo a isso em reuniões regulares e ofereça oportunidades de trabalharem juntos em projetos específicos.
- *Invista na aprendizagem pela ação:* Proporcione recursos e apoio para que os membros da sua equipe testem novas ideias e resolvam problemas de forma estruturada, talvez usando as abordagens detalhadas no capítulo 4. Você também pode destinar um orçamento específico para experimentações, instituindo um período de tempo dedicado à inovação e a oportunidades para aprenderem com os êxitos e fracassos.

COMPREENDENDO O FUTURO DO PENSAMENTO ESTRATÉGICO

O pensamento estratégico sempre foi uma habilidade essencial para os líderes empresariais, mas provavelmente se tornará ainda mais importante. A razão é que o ambiente corporativo está se tornando cada vez mais complexo, incerto, volátil e ambíguo. Neste ambiente de alto CUVA, sua capacidade de pensar de forma estratégica proporcionará à sua organização uma vantagem competitiva duradoura.

Desenvolver suas habilidades de pensamento estratégico o ajudará não só a antecipar e responder com eficácia às mudanças no ambiente externo — como avanços tecnológicos, alterações nas condições de mercado e o surgimento de novos concorrentes — mas também a compreender os pontos fortes e fracos da sua organização, distribuir recursos, priorizar iniciativas e fazer escolhas e concessões de forma mais eficaz.

Além disso, o pensamento estratégico o ajudará a lidar com a importância cada vez maior da inovação. Você precisa pensar de forma estratégica sobre como inovar e criar novos produtos, serviços e modelos de negócios que mantenham sua empresa em uma posição competitiva. Para ter sucesso, você deve ser capaz de pensar de maneira criativa e estar disposto a correr riscos calculados.

Outro fator que tornará o pensamento estratégico mais decisivo é a crescente importância dos dados e da análise. Para tomar decisões notáveis, você precisará pensar em termos estratégicos sobre a coleta, a análise e o uso de dados. Isso exigirá que você pense de maneira crítica e analítica e se sinta confortável ao trabalhar com dados e ferramentas baseadas em inteligência artificial.

Por fim, o pensamento estratégico será cada vez mais importante à medida que o mundo continua a se tornar mais interconectado. Você precisará pensar estrategicamente sobre como se movimentar pelas complexidades do ambiente de negócios global e construir e manter relacionamentos com os principais parceiros e partes interessadas.

Agradecimentos

Este livro é resultado de uma produtiva colaboração com Sebastian Murray, talentoso pesquisador, escritor e editor. Seb deu uma contribuição substancial, fazendo pesquisas indispensáveis, redigindo as versões iniciais de vários capítulos e revisando o manuscrito. Sou muitíssimo grato por suas ideias perspicazes e pelo apoio que me ofereceu durante todo o processo de escrita.

Foi Lucy Oates, minha editora na Penguin Random House no Reino Unido, que encomendou esta obra. Ela identificou no mercado de livros de negócios a oportunidade para uma abordagem séria, mas acessível, do pensamento estratégico. Fiquei muito feliz quando ela me procurou para saber se eu aceitaria tocar o projeto. Sou grato também pelo apoio que sua sucessora, Géraldine Collard, e equipe me deram durante todo o processo de escrita e edição.

Agradeço ainda a Hollis Heimbouch, editora da Harper Business, que vislumbrou o potencial desta empreitada e se comprometeu, junto com sua equipe, a dar todo o apoio ao livro na América do Norte.

A introdução do livro e muitos exemplos de pensamento estratégico nos capítulos subsequentes contam a história de Gene Woods e sua jornada para se tornar CEO da Advocate Health, uma das maiores empresas de assistência médica sem fins lucrativos dos Estados Unidos. Trabalho com Gene há mais de sete anos e me sinto privilegiado por estar a seu lado. Ele é um dos maiores pensadores estratégicos que conheço, além de um CEO de altíssimo nível. Agradeço imensamente sua disposição em me deixar compartilhar sua história.

Minhas pesquisas incluíram entrevistas com mais de cinquenta executivos, cujos insights e citações são apresentados ao longo dos capítulos, e aos quais sou profundamente grato por terem compartilhado suas experiências. Quero registrar ainda um agradecimento especial a Camilo Cobos, vice-presidente do Grupo de Serviços Farmacêuticos da Thermo Fisher Scientific, pelo tempo substancial que dedicou a analisar comigo o tema do pensamento estratégico.

Meu interesse pelo assunto foi catalisado há mais de trinta anos, quando concluí meu doutorado em ciência da tomada de decisão na Harvard Business School. Um dos orientadores da minha tese foi Howard Raiffa, eminente desenvolvedor de conceitos-chave em teoria dos jogos, teoria da decisão e teoria da negociação. Ele despertou meu interesse por jogos e decisões e me ensinou estruturas e ferramentas de pensamento estratégico que utilizei ao longo da minha carreira e no capítulo 3, sobre a disciplina da agilidade mental.

Sinto-me grato por ter colegas maravilhosos, cujo trabalho contribuiu enormemente para minha reflexão sobre o pensamento estratégico. Quero expressar minha gratidão sobretudo a Amit Mukherjee e Albrecht Enders. A segunda metade do capítulo 2, sobre a disciplina da análise de sistemas, se baseia no trabalho que eu e Amit realizamos no projeto de organizações adaptativas e no que chamamos de "modelo de tração nas quatro rodas". Em outras partes do livro, menciono ideias importantes que Amit desenvolveu em seus recomendadíssimos livros *A estratégia da teia de aranha* e *Leading in a Digital World*.

A inspiração e o alicerce para o capítulo 4, sobre a disciplina da resolução estruturada de problemas, foram a pesquisa e a atuação prática de Albrecht Enders e Arnauld Chevallier, coautores do excelente *Solvable* e meus colegas no International Institute for Management Development (IMD). Albrecht e eu codirigimos no IMD o Programa de Transição para Liderança Empresarial, e eu não poderia ter um colega e amigo melhor. Ao vê-lo ensinar a líderes sobre o poder da resolução estruturada de problemas, me convenci de que se tratava de um elemento crucial do pensamento estratégico. Além disso, sua metáfora do herói/busca/tesouro/dragões proporciona uma maneira inesquecível e valiosa de organizar o processo.

O IMD foi o responsável pelo financiamento que possibilitou a pesquisa e a escrita deste livro. Sou grato ao pessoal de apoio à pesquisa, sobretudo a Cédric Vaucher, pela ajuda para obter os recursos necessários. Muito obrigado também ao presidente do IMD, Jean-François Manzoni, e ao reitor de pesquisa, Anand Narasimhan, pelo apoio e incentivo.

Agradeço ainda a Rich Wetzler e à equipe da minha empresa de consultoria, a Genesis Advisers, pela paciência e incentivo ao longo dos muitos anos do processo de pesquisa e escrita.

Este livro é dedicado à minha esposa, Katia Vlachos. Katia me incentivou a assumir o projeto desde o primeiro momento, tão logo me foi oferecido. Eu tinha dúvidas sobre embarcar em algo novo, e ela me ajudou não só a ver que eu deveria e seria capaz, como também me apoiou sem hesitar em todas as ocasiões em que, ao longo do processo, enfrentei dificuldades. Sem o estímulo de Katia, este livro nunca teria sido escrito, e por isso sou profundamente grato a ela.

Notas

INTRODUÇÃO: O PODER DO PENSAMENTO ESTRATÉGICO [pp. 11-25]

1. Samantha Liss, "Advocate Aurora, Atrium Health to merge, creating $27B system". *Healthcare Dive*, 11 maio 2022.

2. Robert Kabacoff, "Develop Strategic Thinkers Throughout Your Organization". *Harvard Business Review*, 7 fev. 2014.

3. Zenger Folkman, "Developing Strategic Thinking Skills: The Pathway to the Top", 8 fev. 2021. Disponível em: ‹https://zengerfolkman.com/articles/developing-strategic-thinking-skills-the-pathway-to-the-top›.

4. Tom e David Kelley, *Creative Confidence: Unleashing the Creative Potential Within Us All.* Currency, 2013. [Ed. bras.: *Confiança criativa: Libere sua criatividade e implemente suas ideias*. Trad. de Cristina Yamagami. Rio de Janeiro: AltaBooks, 2019.]

5. Nigel Cross, *Design Thinking: Understanding How Designers Think and Work.* 2. ed. Bloomsbury Visual Arts, 2023.

6. Warren Bennis e Burt Nanus, *Leaders: The Strategies for Taking Charge.* HarperBusiness, 2004. Para um relato da história de sua adoção e aprimoramento pelo Exército dos Estados Unidos, ver "Who First Originated the Term VUCA (Volatility, Uncertainty, Complexity and Ambiguity)?", US Army Heritage and Education Center. Disponível em: ‹https://usawc.libanswers.com/faq/84869›. Para uma discussão mais recente sobre as consequências para os negócios, ver Nate Bennett e G. James Lemoine, "What VUCA Really Means for You". *Harvard Business Review*, jan./fev. 2014.

7. Chirantan Basu, "The Importance of Porter's Diamond & Porter's Five Forces in Business". *Houston Chronicle*, 30 ago. 2021.

8. David L. Costill, William J. Fink e Michael L. Pollock, "Muscle Fiber Composition and Enzyme Activities of Elite Distance Runners". *Medicine & Science in Sports & Exercise*, v. 8, n. 2, verão 1976.

1. A DISCIPLINA DO RECONHECIMENTO DE PADRÕES [pp. 27-41]

1. Arthur van de Oudeweetering, *Improve Your Chess Pattern Recognition*. New in Chess, 2014.
2. David Silver et al., "Mastering the Game of Go without Human Knowledge". *Nature*, v. 550, 2017.
3. Ver Jon Russell, "Google's AlphaGo AI Wins Three-Match Series against the World's Best Go Player", *TechCrunch*, 25 maio 2017.
4. Jack Welch comentando sobre a decisão do magnata da navegação Cornelius Vanderbilt de investir em ferrovias. Episódio 1, "A New War Begins", da minissérie *The Men Who Built America*, exibida no History Channel em 2012.
5. Ver Srini Pillay, "Your Brain Can Only Take So Much Focus". *Harvard Business Review*, 12 maio 2017.
6. Daniel Kahneman, "Of 2 Minds: How Fast and Slow Thinking Shape Perception and Choice". *Scientific American*, 15 jun. 2012.
7. Ver "Bet You Didn't Notice 'The Invisible Gorilla'". *NPR (National Public Radio)*, 19 maio 2010.
8. Nassim Nicholas Taleb, *The Black Swan: The Impact of the Highly Improbable*. Random House, 2007. [Ed. bras.: *A lógica do cisne negro: O impacto do altamente improvável*. Trad. de Renato Marques. Rio de Janeiro: Objetiva, 2021.]
9. Ver Daniel Kahneman, *Thinking, Fast and Slow*. Farrar, Straus and Giroux, 2011. [Ed. bras.: *Rápido e devagar: Duas formas de pensar*. Trad. de Cássio de Arantes Leite. Rio de Janeiro: Objetiva, 2012.]
10. Phil Rosenzweig, *The Halo Effect: ... And the Eight Other Business Delusions That Deceive Managers*. Free Press, 2007. [Ed. bras.: *O efeito halo: ... E outros oito delírios empresariais que enganam os gestores*. Trad. de Michela Korytowsk. Rio de Janeiro: AltaBooks, 2012.]
11. Ronak Patel, R. Nathan Spreng e Gary R. Turner, "Functional Brain Changes Following Cognitive and Motor Skills Training: a Quantitative Meta-analysis". *Neurorehabilitation and Neural Repair*, v. 27, n. 3, mar./abr. 2013.
12. Todd B. Kashdan, Ryne A. Sherman, Jessica Yarbro e David C. Funder, "How Are Curious People Viewed and How Do They Behave in Social Situations? From the Perspectives of Self, Friends, Parents, and Unacquainted Observers". *Journal of Personality*, v. 81, n. 2, abr. 2013.
13. "Federal Express's Fred Smith on Innovation (1986 Interview)". *Inc.*, 1 out. 1986.
14. Lesley Bartlett e Frances Vavrus, "Comparative Case Studies". *Educação & Realidade*, v. 42, n. 3, jul. 2017.
15. Gary Klein, "Developing Expertise in Decision Making". *Thinking & Reasoning*, v. 3, n. 4, 1997.

2. A DISCIPLINA DA ANÁLISE DE SISTEMAS [pp. 42-63]

1. Nicholas G. Heavens, Daniel S. Ward e Natalie M. Mahowald, "Studying and Projecting Climate Change with Earth System Models". *Nature Education Knowledge*, v. 4. n. 5, p. 4, 2013.
2. Ver Mary-Ann Russon, "The Cost of the Suez Canal Blockage". *BBC News*, 29 mar. 2021. Disponível em: <https://bbc.co.uk/news/business-56559073>.

3. Edward Segal, "Blocked Suez Canal Is Latest Reminder Why Companies Need Crisis Plans". *Forbes*, 27 mar. 2021.

4. "Cascading Failure". Wikimedia Foundation. Disponível em: <https://en.wikipedia.org/wiki/Cascading_failure>. Acesso em: 22 jul. 2022.

5. Mark DeCambre, "Hedge-fund Investor Who Made $2.6 Billion on Pandemic Trades Says Omicron Could Be Bullish for Stock Market". *MarketWatch*, 29 nov. 2021.

6. Jay R. Galbraith, *Designing Organizations: An Executive Guide to Strategy, Structure, and Process*. Jossey-Bass, 2001.

7. Tom Peters, "A Brief History of the 7-S ('McKinsey 7-S') Model". Disponível em: <https://tompeters.com/2011/03/a-brief-history-of-the-7-s-mckinsey-7-s-model>.

8. Peter M. Senge, *The Fifth Discipline: The Art & Practice of the Learning Organization*, Doubleday Business, 1990. [Ed. bras.: *A quinta disciplina: A arte e a prática da organização que aprende*. Trad. de Gabriel Zide Neto. Rio de Janeiro: BestSeller, 2010.]

9. Eliyahu M. Goldratt e Jeff Cox, *The Goal: A Process of Ongoing Improvement*. 30th Anniversary Edition, North River Press, 2012. [Ed. bras.: *A meta: Um processo de melhoria contínua*. Edição comemorativa de 30 anos. Trad. de Thomas Corbett Neto. Barueri: Nobel, 2014.]

10. Ver Mia Rabson, "From Science to Syringe: Covid-19 Vaccines are Miracles of Science and Supply Chains". *Toronto Star*, 27 fev. 2021.

11. Amit S. Mukherjee, *Leading in the Digital World: How to Foster Creativity, Collaboration, and Inclusivity* (*Management on the Cutting Edge*). The MIT Press, 2020.

12. Michael D. Watkins, "Assessing Your Organization's Crisis Response Plans". Harvard Business School Background Note 902-064, set. 2001.

13. US Army, Center for Army Lessons Learned. Disponível em: <www.army.mil/CALL>.

14. Consulte Steven Schuster, *The Art of Thinking in Systems: A Crash Course in Logic, Critical Thinking and Analysis-Based Decision Making*. Publicação independente, 2021.

15. Kristina M. Gillmeister, "Development of Early Conceptions in Systems Thinking in an Environmental Context: An Exploratory Study of Preschool Students' Understanding of Stocks & Flows, Behavior Over Time and Feedback". Tese de doutorado, Universidade do Estado de Nova York, 2017.

3. A DISCIPLINA DA AGILIDADE MENTAL [pp. 64-78]

1. Para a citação completa, ver Jonathan Wai, "Seven Ways to Be More Curious". *Psychology Today*, 31 jul. 2014.

2. "First-move Advantage in Chess". Fundação Wikimedia. Disponível em: <https://en.wikipedia.org/wiki/First-move_advantage_in_chess>. Acesso em: 14 set. 2022.

3. "Game Theory — First Mover Advantage". *Economics: Study Notes*, Tutor2u.net. Disponível em: <www.tutor2u.net/economics/reference/game-theory-first-mover-advantage>. Acesso em: out. 2022.

4. Em 1994, o matemático estadunidense John Forbes Nash Jr. ganhou o prêmio Nobel pelo desenvolvimento do conceito de equilíbrio de Nash na teoria dos jogos.

5. "Extensive-form Game". Fundação Wikimedia. Disponível em: <https://en.wikipedia.org/wiki/Extensive-form_game>. Acesso em: 5 out. 2021.

6. Steven D. Levitt, John A. List e Sally E. Sadoff, "Checkmate: Exploring Backward Induction among Chess Players". *American Economic Review*, v. 101, n. 2, abr. 2011.

7. George Wright e George Cairns, *Scenario Thinking: Practical Approaches to the Future*. Palgrave Macmillan, 2011.

4. A DISCIPLINA DA RESOLUÇÃO ESTRUTURADA DE PROBLEMAS [pp. 79-99]

1. Esta é uma adaptação da conhecida matriz RACI (Responsible, Accountable, Consulted, Informed — Responsável, Confiável, Consultado, Informado), cujas versões originais eram utilizadas para a gestão de projetos na década de 1950. Para uma visão geral da metodologia, ver Bob Kantor, "The RACI Matrix: Your Blueprint for Project Success". CIO, 14 set. 2022. Disponível em: <www. cio.com/article/287088/project-management-how-to-design-a-successful-raci-project-plan.html>.

2. A ideia de processo justo está enraizada na reflexão sobre a justiça processual no direito. Para um panorama, ver "Procedural justice". Fundação Wikimedia. Disponível em: <https://en.wikipedia. org/wiki/Procedural_justice>. Acesso em: 14 abr. 2022. Para um exemplo de aplicação do conceito à liderança, ver W. Chan Kim e Renée Mauborgne, "Fair Process: Managing in the Knowledge Economy". *Harvard Business Review*, jan. 2003.

3. Albert Einstein e Leopold Infeld, *The Evolution of Physics*. Cambridge University Press, 1938. [Ed. bras.: *A evolução da física*. Trad. de Giasone Rebuá. Rio de Janeiro: Zahar, 2008.]

4. Arnaud Chevallier e Albrecht Enders, *Solvable: A Simple Solution to Complex Problems*. FT Publishing International, 2022.

5. Ibid.

6. Amos Tversky e Daniel Kahneman, "Loss Aversion in Riskless Choice: A Reference-Dependent Model". *The Quarterly Journal of Economics*, v. 106, n. 4, nov. 1991.

7. Michael A. Roberto, *Unlocking Creativity: How to Solve Any Problem and Make the Best Decisions by Shifting Creative Mindsets*. Wiley, 2019.

8. Graham Wallas, *The Art of Thought*. Harcourt, Brace and Company, 1926.

9. Daniel Ames, Richard Larrick e Michael Morris, "Scoring a Deal: Valuing Outcomes in Multi-Issue Negotiations". Columbia CaseWorks: Columbia Business School, primavera 2012.

5. A DISCIPLINA DO VISIONARISMO [pp. 100-14]

1. Para uma introdução ao processo de visionarismo, ver o capítulo 11 de *A quinta disciplina*, de Senge.

2. Christopher K. Bart, "Sex, Lie, and Mission Statements". *Business Horizons*, v. 40, n. 6, nov.-dez. 1997.

3. Para a citação original, ver Susan Ratcliffe (Org.), *Oxford Essential Quotations*. 4. ed. Oxford University Press, publicação on-line, 2016.

4. Shawn Achor et al., "9 Out of 10 People Are Willing to Earn Less Money to Do More--Meaningful Work". *Harvard Business Review*, 6 nov. 2018.

5. Joseph Folkman, "8 Ways To Ensure Your Vision Is Valued". *Forbes*, 22 abr. 2014.

6. John T. Perry, Gaylen N. Chandler e Gergana Markova, "Entrepreneurial Effectuation: A Review and Suggestions for Future Research". *Entrepreneurship Theory and Practice*, v. 36, n. 4, jul. 2012.

7. Jim Collins e Jerry I. Porras, *Built to Last: Successful Habits of Visionary Companies*. 3. ed. Harper Business, 1994. [Ed. bras.: *Feitas para durar: Práticas bem-sucedidas de empresas visionárias*. Trad. de Carolina Gaio. Rio de Janeiro: AltaBooks, 2020.]

8. Ver "Address to Joint Session of Congress May 25, 1961". Disponível em: <https://jfklibrary. org>. Acesso em: 5 jan. 2022.

9. Jan Trott, "Man Walks on the Moon: 21 July 1969". *The Guardian*, 19 jul. 2019.

10. David C. McClelland, *Human Motivation*. Cambridge University Press, 1988.

11. A expressão "simplificação poderosa", originalmente cunhada por Bruce Henderson, fundador do Boston Consulting Group (BCG), descreve as matrizes e modelos que a empresa de consultoria criou para ajudar a enquadrar os problemas de negócios dos clientes. Ver Lawrence Freedman, *Strategy: A History*. Oxford University Press, 2013.

12. Howard E. Gardner, *Leading Minds: An Anatomy of Leadership*, Basic Books, 1995. [Ed. bras.: *Mentes que lideram: Como líderes eficazes criam e executam*. Trad. de Afonso Celso da Cunha Serra. Rio de Janeiro: Elsevier, 2013.]

13. Kendall Haven, *Story Smart: Using the Science of Story to Persuade, Influence, Inspire, and Teach*. Libraries Unlimited, 2014.

14. Isso vem de uma apresentação de Bill Carmody sobre "inteligência positiva".

15. Paul Hekkert, Clementine Thurgood e T.W. Allan Whitfield, "The Mere Exposure Effect for Consumer Products as a Consequence of Existing Familiarity and Controlled Exposure". *Acta Psychologica*, v. 144, n. 2, out. 2013.

16. Edgar Dale, *Audio-Visual Methods in Teaching*. 3. ed. Holt, Rinehart & Winston, 1969.

17. Ver "McDonald's Mission and Vision Statement Analysis". Disponível em: <https://mission-statement.com/mcdonalds>.

18. George L. Roth e Anthony J. DiBella, "Balancing Push and Pull Change", *Systemic Change Management*. Palgrave Macmillan, 2015.

19. Ver Alison Rose, "CEO Alison Rose Day 1 Speech", NatWest Group, 1 nov. 2019. Disponível em: <www.rbs.com/rbs/news/2019/12/ceo-alison-rose-day-1-speech.html>.

20. Ver Amanda Blanc, "Amanda Blanc: 2020 Was Truly Aviva at Our Best", 21 dez. 2020. Disponível em: <www.youtube.com/watch?v=bz4rljrJf0o>.

21. Garth S. Jowett e Victoria J. O'Donnell, *Propaganda and Persuasion*. 3. ed. Sage, 1992.

22. Ver <https://bombardier.com/en/who-we-are/our-history>.

23. Chris Loh e Luke Bodell, "The Rise and Fall of Bombardier Aerospace". *Simple Flying*, 12 jun. 2020.

24. Ver "From War to Partner: Airbus and the CSeries". *Leeham News and Analysis*, 18 out. 2017.

25. Frédéric Tomesco, "What Went Wrong at Bombardier? Everything". *Montreal Gazette*, 8 fev. 2020.

26. Peggy Hollinger, "Airbus Vows to Make Bombardier Aircraft a Success". *Financial Times*, 8 jun. 2018.

6. A DISCIPLINA DA ASTÚCIA POLÍTICA [pp. 115-34]

1. Ver Michael D. Watkins, "Government Games". *MIT Sloan Management Review*, inverno 2003; e Michael D. Watkins, "Winning the Influence Game: Corporate Diplomacy and Business Strategy". *Harvard Business Review*, 2003.

2. Esses termos foram cunhados por David A. Lax e James K. Sebenius. Ver "Thinking Coalitionally: Party Arithmatic, Process Opportunism, and Strategic Sequencing". In: H. Peyton Young (Org.), *Negotiation Analysis*. University of Michigan Press, 1991.

3. Kurt Lewin, um pioneiro no campo da dinâmica de grupo, propôs um modelo de mudança social baseado na ideia de forças motrizes e forças restritivas. Um dos insights fundamentais de Lewin é que as coletividades humanas — incluindo grupos, organizações e nações — são sistemas sociais que existem num estado de tensão entre as forças que pressionam pela mudança e as forças que resistem a ela: "[O comportamento de um sistema social é] o resultado de uma infinidade de forças. Algumas apoiam-se mutuamente, outras opõem-se entre si. Algumas são forças motrizes, outras são forças restritivas. Tal qual a velocidade de um rio, a efetiva conduta de um grupo depende do grau [...] em que essas forças conflitantes alcançam um equilíbrio". Ver Kurt Lewin, *Field Theory of Social Science: Selected Theoretical Papers*. Harper & Brothers, 1951. [Ed. bras.: *Teoria de campo em ciências sociais*. São Paulo: Livraria Pioneira, 1965.]

4. Ver Leo Ross e Richard E. Nisbett, *The Person and the Situation: Perspectives of Social Psychology*. 2. ed. Pinter & Martin, 2011.

5. Ver David Krackhardt e Jeffrey R. Hanson, "Informal Networks: The Company Behind the Chart". *Harvard Business Review*, jul./ago. 1993.

6. Ver Virgil Scudder, Ken Scudder e Irene B. Rosenfeld, *World Class Communication: How Great CEOs Win with the Public, Shareholders, Employees, and the Media*. Wiley, 2012.

7. Aristóteles, *The Art of Rhetoric*. Penguin Classics, 1991. [Ed. bras.: *Arte retórica e arte poética*. Trad. de Antônio Pinto de Carvalho. Rio de Janeiro: Ediouro, 1998.]

8. Robert B. Cialdini, *Influence: The Psychology of Persuasion*, William Morrow, 1984. [Ed. bras.: *Influência: A psicologia da persuasão*. Trad. de Ivo Korytowski. Rio de Janeiro: Sextante, 2012.]

9. James Clear, "Why Facts Don't Change Our Minds". Disponível em: <https://jamesclear.com/why-facts-dont-change-minds>. Acesso em: 18 maio 2023.

10. Roger Fisher, William Ury e Bruce Patton, *Getting to Yes: Negotiating an Agreement Without Giving In*. Houghton Mifflin, 1991. [Ed. bras.: *Como chegar ao sim: Como negociar acordos sem fazer concessões*. Trad. de Ricardo Vasques Vieira. Rio de Janeiro: Solomon Editores, 2014.]

11. Ver James K. Sebenius, "Sequencing to Build Coalitions: With Whom Should I Talk First?". In: Richard J. Zeckhauser, Ralph L. Keeney e James K. Sebenius (Orgs.), *Wise Choices: Decisions, Games, and Negotiations*. Harvard Business School Press, 1996.

12. A expressão "eventos que impulsionam a ação" foi cunhada por Michael Watkins em "Building Momentum in Negotiations: Time-related Costs and Action-forcing Events". *Negotiation Journal*, v. 14, n. 3, jul. 1998.

13. Para mais informações sobre esse exercício, ver Trainers Toolbox, "Perceptual Positions: Powerful Exercise to Strengthen Understanding and Empathy". Disponível em: <www.trainerstoolbox.com/perceptual-positions-powerful-exercise-to-strengthen-understanding-and-empathy>. Acesso em: 18 maio 2023.

CONCLUSÃO: DESENVOLVENDO SUA CAPACIDADE DE PENSAMENTO ESTRATÉGICO [pp. 135-44]

1. Alguns desses conselhos são adaptados de Nina A. Bowman, "How to Demonstrate Your Strategic Thinking Skills". *Harvard Business Review*, 23 set. 2019.

2. Dana Asby, "Why Early Intervention is Important: Neuroplasticity in Early Childhood". Center for Educational Improvement, 9 jul. 2018. Disponível em: <https://edimprovement.org/post/why-early-intervention-is-important-neuroplasticity-in-early-childhood>.

Índice remissivo

As páginas indicadas em **negrito** referem-se às ilustrações, em *itálico* às tabelas.

Aaron, Marjorie, 117-9
abordagens do tipo "puxar", 110, 116
abordagens estratégicas, 89
abordagens holísticas, 42, 47
acionistas, 17
Ackman, Bill, 46
Advocate Aurora Health, 13
Advocate Health, 13
advogado do diabo, 77
África do Sul, 102
agilidade mental, 24, 62, 64-78, 80; aplicação
   da teoria dos jogos e, 68-74; checklist, 78;
   desenvolvimento, 74-7, 137, 139; mudança de
   nível e, 64-6, 74-5, 77, 139; prática do jogo
   e, 64-5, 67, 75, 77, 139
Airbus, 112
algoritmos, 30, 43
alianças, 24, 67, 80, 103, 115-6, 119-20, 129,
   132
AlphaGo (jogo), 30
alterações climáticas, 53
ambição, 23, 89, 103, 119
ambiente externo, 17, 44, 116, 119, 143
ambiguidade, 18-9, 64, 82, 91, 119; *ver também*

CUVA (complexidade, incerteza, volatilidade
   e ambiguidade)
ameaças: neutralização de, 27, 80; e visão, 107
análise competitiva, 20
análise da causa raiz, 92, **93**
análise de estudos de caso, 39; *ver também*
   análise de sistemas
análise de sistemas, 23, 40, 42-64, 74, 79-80;
   aprendizagem com a experiência e, 56, **57**;
   checklist, 63; ciclos de feedback e, 51-2;
   como funciona, 47-9; concepção de organizações adaptativas e, 54; definição, 42-3;
   desenvolvimento, 61-2, 137-8; detecção de
   ameaças e, 54-5; fatores limitantes e, 50-1;
   limitações da, 60-1; não linearidades e,
   52-3, 60; pontos de alavancagem e, 49-50;
   pontos de inflexão e, 522-3, 60; prevenção
   de problemas futuros e, 58-60, **58**, **59**;
   processo, 42, 54; resposta às crises e, 56;
   valor da, 44-7
Anyline, 45
aprendizagem: pela ação, 143; pela experiência,
   56-60, **57**
aprendizagem profunda, 30

aprovar, apoiar, consultar e informar (ASCI), 86-8, 87

aquecimento global, 53

aquisições, 28

Aristóteles, 126

"armadilha narrativa", 35

Armstrong, Scott, 77

"árvores de jogos", 71-2, **72**

ASCI (aprovar, apoiar, consultar e informar), 86-8, 87

astúcia política, 24-5, 80, 113, 115-34; checklist, 133-4; compreender os principais tomadores de decisão e, 120-2, **121**, *122*; compreensão e engajamento político e, 116-20; em desenvolvimento, 132-3, 137, 140-1; influência e, 120, 122-30, **123**, 133; inteligência emocional e, 132

atenção, 34, 37, 46, 52, *125*

atenção seletiva, 34-5

"ativação associativa", 32

atividade, 32

Atrium Health, 13, 18, 29, 85, 91, 106; *ver também* Carolinas HealthCare System (CHS)

autoconsciência, 131

autoridades reguladoras, 13, 17

Aviva, 111

Bart, Chris, 102

Beaudoin, Laurent, 111-2

Bellemare, Alain, 112

Bennis, Warren G., 18

biologia evolutiva, 34

Blanc, Amanda, 111

bodes expiatórios, 36

Boeing, 111

Bombardier, 111-2

bridge, 75

busca de aconselhamento, 141

Cairns, George, 76

capacidade de pensamento estratégico (CPE), 22, 74, 135

capacidades, **48**

"captar o estado de ânimo do ambiente", 131

captura de valor, 67, 69, 71

carga cognitiva, 43

Carolinas HealthCare System (CHS), 11-4, 28-9, 85; *ver também* Atrium Health

CEOs, 11-4; e agilidade mental, 65-6, 73; e reconhecimento de padrões, 28, 31-2, 37, 39; e resolução estruturada de problemas, 84-5; e visionarismo, 103, 111-2

cérebro: equilibrar as duas metades do, 84; esquerdo/direito, 84; exercícios, 135, 137; pré-ativação e, 33; reconhecimento de padrões e, 32, 37-8

Chabris, Christopher, 34

Chevallier, Arnaud, 88-9

CHS *ver* Carolinas HealthCare System

Cialdini, Robert B., 127

ciclos de feedback, 51-2

"ciência da estratégia", 67

cientistas do clima, 43

"cinco forças", 20

Clear, James, 128

clientes: consciência acerca das expectativas e necessidades dos, 17; criação de soluções para, 17

coalizões, 119

colaboração, 21, 38, 143

Collins, Jim, 104

comércio internacional, vulnerabilidades do, 44-5

complexidade, 18-20, 144; e análise de sistemas, 43, 46, 61, 138; e reconhecimento de padrões, 29, 34; e resolução estruturada de problemas, 81, 85; *ver também* CUVA (complexidade, incerteza, volatilidade e ambiguidade)

comprometimentos, 22, 84, 105, 111, 113, 120, 128

comunicação, eficaz, 21

concentração, 32

concorrentes, 67, 69-72

"cone de experiência", modelo do, 109

conflitos de escolha, 20, 94-5

consolidação, 68, 85

construção de rede, 133, 135
consulta, 124, *125*
contexto, 17, 25, 136
contingência, 45
contratos, inseguros, 122
cooperação, 21, 67
covid-19, pandemia, 46; vacinas, 46, 54
CPE *ver* capacidade de pensamento estratégico
crenças e convicções consistentes, 128
crescimento, 13-4, 17, 39, 42, 50-1, 85, 106, 112, 117
criação de soluções para os usuários finais, 17
criação de valor, 69, 71; e prática de jogos, 67; e reconhecimento de padrões, 27; e resolução estruturada de problemas, 80
criatividade, 16-7, 21-2, 25, 143; definição, 16; modelo de cinco fases de Wallas para o florescer da, 93; resolução estruturada de problemas e, 84, 89, 92; versus pensamento estratégico, 16
crises: econômicas, 45; prevenção, 58-60, **58, 59**
critérios avaliativos, 90, **91**
Cross, Nigel, 17
Culleton, Paul, 105, 109
culpar os outros, 36
cultura organizacional, 47-50, **48**, 52; de pensamento estratégico, 142
curiosidade, cultivo, 39, 111, 138
custo de oportunidade, 97
CUVA (complexidade, incerteza, volatilidade e ambiguidade), 18-20, 143; e reconhecimento de padrões, 23, 27, 137; e resolução estruturada de problemas, 81-2; e visão, 101

dados, 35-6, 143
Dale, Edgar, 109
De Havilland, 111
decisões, anteriores, 128
declarações de missão, 102, 106
declarações de visão, 105-8
dedução, 21
Deep Blue, 30

demandas de tempo, 34
descritores evocativos, 109
desempenho organizacional, 35
desenvolvimento de produtos, 43, 69, 117
design organizacional, 47, **48**, 55; adaptativo, 54, 58
design thinking, 17
Dewey, John, 82
diagramas de ciclo causal, 61
"diagramas-alvo", 123
dificuldades/desafios: agilidade mental e, 65; análise de sistemas e, 43, 59; construtivas, 136; desenvolver o pensamento estratégico por meio das, 23; e CUVA, 18-20; pensamento do Sistema 2 e, 32; reconhecer, priorizar e responder, 9, 12, 14, 17, 23, 27-8, 43, 59; reconhecimento de padrões e, 27, 59; soluções abrangentes para, 36
dinâmica de poder, 133, 141
dióxido de carbono, emissões de, 53
direção estratégica, 47, **48**
"dobrar a aposta", 36
Dow Chemical, 66

economias de escala, 12
efeito da mera exposição, 109
efeito halo, 35
"efetuação", 103
Eiklid, Rolf, 118, 121, 126
Einstein, Albert, 88
Eisenberg, Harald, 117-9
elemento exercício, 22, 74, 135
elemento experiência, 22, 74, 135-6
elemento talento/dom, 21-2, 74, 135
empresas de assistência médica, 18-20; consolidação, 11-4, 28-9, 85; resolução estruturada de problemas e, 85, 91; visão e, 106, 108; *ver também* Atrium Health; Carolinas HealthCare System
encorajamento, *125*
Enders, Albrecht, 88-9
enfoques de cima para baixo, 13, 106
enquadramento, 126, *127*, 133

enquadramento do problema (formulação/localização), 81-5, **84**, 87, 88-91, 96

envolvimento, 21-2, 86, 105, 129, 132, 135

equilíbrio, 51; estável, 69-70

equipes de pensamento estratégico, criação de, 141-3

escolhas, 32; alternativas, 121-2

escuta ativa, 106, 110, 124, *125*, 131

escuta de baixo para cima, 106

especialistas: busca de aconselhamento/feedback junto a, 141; no reconhecimento de padrões, 38, 137

estado, 51

estratégia: ciência da, 67; desenvolvimento, 25, 33; influência e, 124-30, 133; inteligência artificial e, 24; reconhecimento de padrões e, 33; visão e, 100-1, 106, 108-9

estratégia de rede, 12

estratégias de "empurrar", 110

estratégias de precificação, 69-72, **72**

"estrutura 7-S", 47

estrutura organizacional, **48**

estudos de caso, análise de, 39

éthos, 126, *127*

eventos que impulsionam a ação, 130

Ever Given (navio porta-contêineres), 44-5

exercício do arquiteto, 112

Exército dos Estados Unidos, 18; "Centro de Lições Aprendidas no Exército", 56; "revisão pós-ação", 56

experiências: abertura para novas, 22; aprendendo com, 27, 56-60, **57**; pensamento estratégico e, 22

falácia dos custos irrecuperáveis (otimismo ilusório), 36

fatia de mercado, 70, 72

fatores limitantes, 50-1, 61

fatores motivacionais, 104-5

FedEx, 39

feedback, 40, 54-5, 98, 110, 124, 141

fidelidade do modelo, 60

Fisher, Roger, 128

flexibilidade, 77, 104, 117-8

foco, 34, 46, 77

"forças restritivas", 52, 121

funcionários, consciência acerca das expectativas e necessidades dos, 17

fusões, 28

Galbraith, Jay, 47, **48**

ganhos, 90

Gardner, Howard, 107

gelo polar, derretimento do, 53

General Electric (GE), 31, 124

gestão de crises: e análise de sistemas, 56, 58-9; e aprendizagem com as crises, 56, **57**, 58, 60

gestão de projetos, 51

Go (jogo), 29-30

Goldratt, Eliyahu M., 50

Google, DeepMind, 30

"gorila invisível, O", 34

guerras de preços, 67, 70

habilidades analíticas, 21-2

habilidades avaliativas, 141

Haven, Kendall, 108

histórias, 107-8

IBM, 30

ideias: novas, 16, 21; "pré-ativação", 32

imersão, 38, 40, 138

Immelt, Jeff, 124

"impetuosa vontade de vencer", 23

Inc. (revista de negócios), 39

incerteza, 16, 18-9, 20, 46, 64, 76; e reconhecimento de padrões, 31; e resolução estruturada de problemas, 81, 96; e sistemas de pontuação, 96; *ver também* CUVA (complexidade, incerteza, volatilidade e ambiguidade)

indução retroativa, 72-3

Infeld, Leopold, 88

influência, 24, 68, 71, 118, 120, 140; elaboração de estratégias de, 124-30, 133; mapeamento de redes de, 122-3; sequenciamento e, 129-30

inovação, 16-7, 19, 75, 109, 143

inteligência artificial (IA), 10, 24-5, 30, 43, 144
inteligência emocional, 21-2, 25, 131-2
interconectividade, 144
investidores, 33, 46, 116
investigação dialética, 77
investigação intelectual, fase de, 83
isolamento social, 46

Jie, Ke, 30
jogos de cartas, competitivos, 75
jogos de estratégia, 29-30
Johnson & Johnson, 102, 105, 107
"jornada do herói", 88-9, 91
just-in-time (produção), 45

Kahneman, Daniel, 32-3, 35
Kalin, Katherine Bach, 47
Kasparov, Garry, 30
Kelley, David, 16
Kelley, Tom, 16
Kennedy, John F., 104
Kinigadner, Lucas, 45

Learjet, 111
limites, 61
linguagem corporal, 118, 131
logos, 126, 127

Management Research Group, 14
Mandela, Nelson, 102
maratonistas, 22
McClelland, David, 104
McDonald's, 109
McKinsey, 47
medidas, **48**
melhores práticas, 12, 37
memória, 27, 31-3
mente humana, metáfora da máquina, 35
mentores, 141
metáforas, 107
metano, emissões de, 53
metas, 16-7, 28, 97, 101, 103-4, 108
missão, 100-2, 106

mobilização, 23-4, 27-9, 31, **79**, 80, 83, 100, 127, 141, **142**; *ver também* astúcia política; resolução estruturada de problemas; visionarismo
modelagem baseada em computador, 43
modelagem de escolhas, 128
modelo estrela, 47, **48**
modelos, 42-3, 62; *ver também* modelos de sistema
modelos "arquiteturais", 43
modelos de parceria, 12
modelos de sistema, 47-50, **48**, 62, 92; elementos, 47; fidelidade de, 60; interconexões/interfaces, 47; limitações dos, 60; propósito/função, 47; solução de problemas e, 81
modelos mentais, 27, 138; análise de sistemas e, 42, 44, 61; imersão e, 38; de organizações, 19; problemas com, 37; reconhecimento de padrões e, 31, 37, 39-40
moedas de troca, organizacionais, 120, **121**
mudança, 16, 19; resistência à, 52-3; *ver também* volatilidade
mudança de nível, 64-6, 74-5, 77, 139
Mukherjee, Amit S., 54

Nanus, Burt, 18
não linearidades, 52-3, 60, 96
NatWest Group, 111
Navicent Health, 29
necessidade de pertencimento, 104
necessidade de poder, 104-5
necessidades, 17, 104, 110, 120, **121**
Neilley, Brad, 107
neuroplasticidade, 37, 137
normas sociais, 128
novidade, 81
Nowak, Alina, 116-22, **123**, 126, 130

objetivos, 119-20; centrais (prioridades), 100-1, 104, 106; grandes, arriscados e audaciosos (BHAG), 104
oportunidades, 15; agilidade mental e, 65, 75; análise de sistemas e, 42-3, 54, 59; ciclo

161

reconhecer-priorizar-mobilizar (RPM) e, **79**, 80, **142**; para crescimento, 17, 42; de desenvolvimento, 142; desenvolvimento da experiência e, 22; reconhecimento de padrões e, 27-9, 33-6, 59, 137; reconhecimento/ detecção/priorização, 23, **28**; resolução estruturada de problemas e, 80; tirar proveito de, 80; visão e, 107

organizações centradas no cliente, 49

orientação para o futuro, 16-7, 23, 74-5, 136

Parker, Michael, 66

partes interessadas, 71, 144; ambiguidade e, 20; antevendo as ações e reações das, 24; astúcia política e, 115, 118, 133, 140; consciência das expectativas e necessidades das, 17; construindo alianças com as principais, 24; envolvimento das, 86-8, 87; estrutura do tipo ASCI e, 86-8, 87; planejamento de cenários hipotéticos e, 76; representação de papéis e, 77; resolução estruturada de problemas e, 82, 86-8, 87, 91, 98; visão e, 105-6, 111

páthos, 126, *127*

pautas de prioridades, 119-20

pensadores estratégicos, 21-2

pensamento: "sistemas" de, 32-3; *ver também* pensamento estratégico

pensamento analítico, 144

pensamento crítico, 16, 36, 82, 136

pensamento do Sistema 1, 32-3

pensamento do Sistema 2, 32-3

pensamento estratégico, 9-10; agilidade mental e, 24, 62, 64-78, 80, 137, 139; análise de sistemas e, 23, 40, 42-64, 74, 79, 113, 137-8; astúcia política e, 24-5, 80, 115-34, 137, 140-1; ciclo reconhecer-priorizar-mobilizar (RPM) e, 28; como via rápida para o topo, 13-4; cultura do, 142; definição, 14-5, 137; desenvolver sua habilidade, 135-44; *design thinking* e, 17; elemento exercício, 21-2, 74, 135; elemento experiência, 22, 74, 135-6; elemento talento/dom, 21-2, 74, 135; futuro do, 143; inteligência artificial e, 24-5;

natureza essencial, 9; o que não é, 20-1; percepção do contexto e, 17; personalidade e, 23; poder do, 11-25; reconhecimento de padrões e, 10, 23-4, 27-41, 43, 59, 64, 68, 79-80, 113, 137, 143; resolução estruturada de problemas e, 24, 77, 79-99, 137, 139-40; valor, 18-20; versus pensamento criativo, 16; versus pensamento crítico, 16; visionarismo e, 24, 80, 100-14, 137, 140

pensamento indutivo, 21

pensamento reflexivo, 141

perda, 90; aversão à, 90

permafrost, 53

Pershing Square Capital Management, 46

personalidade, 23

"perspectiva estratégica", 14

perspectivas, 131-2, 136, 139, 141, 143

pessoas, **48**; leitura, 131

Pfizer-BioNTech (vacina contra a covid-19), 54

planejamento de cenários hipotéticos, 75-7, 113

planejamento de era, 73

planejamento estratégico, 21

"poder do processo justo", 87, 116

ponto de vista, 136

pontos de alavancagem, 49-50

pontos de inflexão, 52-3, 60

Porras, Jerry I., 104

Porter, Michael, 20

"posições perceptivas" (exercício), 131, **132**

prática do jogo, 64-5, 67, 75, 77, 139

pré-ativação, 32-3

premissas, 17, 54, 60-1

pressão social, 127-8

pressões situacionais, 121

previsão, 10; e análise de sistemas, 24; e complexidade, 19; e incerteza, 19; e inteligência artificial, 24; e reconhecimento de padrões, 27, 31; e representação de papéis, 77

priorização, 23, 27, 83; ciclo reconhecer-priorizar-mobilizar (RPM), **79**, 80, 141, **142**; de dificuldades/desafios, 9, 12, 14, 17, 23, 27-8, 43, 59; *ver também* oportunidades, reconhecimento/detecção/priorização

probabilidade, 19, 71, **72**, 81, 96
problemas, 28, 80-2; "grandes e perversos", 81-2
processamento de dados, 10, 24
processamento de informações, 31, 36, 39
processos, **48**, 50, 54
propósito, 101-2, 104
"proposta que gere um 'sim'", 128

quadro geral, 61, 136, 139
quadros de visualização, 111
questionamento, 125

realização, 104
reciprocidade, 128
recompensas, **48**, 49
reconhecer-priorizar, 79-80; *ver também* agilidade mental; análise de sistemas; reconhecimento de padrões
reconhecer-priorizar-mobilizar (RPM), ciclo, **79**, 80, 141, **142**
reconhecimento de padrões, 10, 23, 27-41, 59, 64, 79-80; agilidade mental e, 68; análise de sistemas e, 43; checklist, 41; como funciona, 31-3, 137; definição, 27, 137; desenvolvimento, 32, 37-40, 137, 143; limitações do, 34-7; valor de, 29-31; visão e, 113
reconhecimento/percepção de ameaças, 23, **28**; e agilidade mental, 65, 73, 75; e análise de sistemas, 54-8, **55**, **57**; e o ciclo reconhecer-priorizar-mobilizar (RPM), **79**, 80, **142**; e reconhecimento de padrões, 27, 29, 34-6, 137; e resolução estruturada de problemas, 80
redes neurais, 30
reformulação, 136
regras de interrupção, 92
regras do jogo, 116
regulamentações governamentais, 19
relacionamentos, 119; humanos-inteligência artificial, 10, 25, 30, 43
relações de causa e efeito, 27, 35, 42, 62, 81; cadeia simples e linear, 60

relações simbióticas, humanos-inteligência artificial, 10, 25, 30, 43
repetição, 109, 126
representação de papéis, 77
reputação, 128
resolução de problemas, 17; inteligência artificial e, 25; *ver também* resolução estruturada de problemas
resolução estruturada de problemas, 24, 77, 79-99; checklist, 99; ciclo de cinco fases da, 82-99, **84**, **87**, **98** (analisar soluções, 83, **84**, **87**, 91-3; comprometer-se com uma linha de ação, 84, 87, 97; decidir sobre qual é a melhor opção, 83, **84**, 87, 94-6; definir papéis e comunicar o processo, 83, **84**, 85-8, 87; enquadramento do problema, 82-5, **84**, 87, 88-91, 96); desenvolvimento, 97, 137, 139-40; liderar processos, 82-97; problemas e, 80-2; tomada de decisões e, 80
resumir, *125*
retornos decrescentes, 52, 90
riscos, 10, 15, 18, 33, 36-7, 46, 55, 70, 81, 103, 143
Roberto, Michael A., 92
Rose, Alisson, 111
Rosenzweig, Phil, 35

Schmidt, Helman, 102
"Se entra lixo, sai lixo", 36
seguidor ágil, 69
Senge, Peter M., 50, 101
sequenciamento, 71-2, 78, 129-30
ser presente, *125*
Simons, Daniel, 34
simplificação poderosa, 100, 107-11
simulações, 40, 62, 138
sinalização, 69-71, 75
síntese, 21
sistemas, 47, **48**; definição de limites, 61; estabilidade, 51-2
sistemas de aprendizagem de máquina, 24
sistemas de pontuação, 94-6, *95*
Skogsbergh, Jim, 13

Smith, Fred W., 39
sobrecarga de informações, 31, 46
sobrevivência, 34
status quo, 16, 120-1
subsistemas: de detecção de ameaças, 54-5, **57**;
de prevenção de problemas, 58-60, **58**, **59**
Suez, canal de, 44-5

Taleb, Nassim Nicholas, 35
Tattle, Peter, 107
taxas de retenção, 109
Taylor, Troy, 102
tendências, 17, 33, 35, 39-40, 85, 136
"teoria das restrições", 50
teoria dos jogos, aplicação, 68-74
tomada de decisões: diante da incerteza e da
mudança, 16; envolvimento e, 129; inteligência artificial e, 25; organizacional, **48**;
reconhecimento de padrões e, 31, 33; vieses
em, 90
tomadores de decisão, compreensão de, 120-2,
121, *122*

valores: consistentes, 127; esperados, 72; essenciais, 104, 109
valores de aceitação geral para interações nas
organizações, 120, **121**
van de Oudeweetering, Arthur, 30
Van Horn Foods, 113-6, 123, 126, 130
vantagem competitiva, 82, 143
vantagem de ser o primeiro ou *vantagem do
primeiro movimento*, 68-71
veículos autônomos, 44, 51
veículos de mídia financeira, 35

veículos elétricos, 70-1
"viés de autoatribuição", 36
viés de confirmação, 35-6
vieses cognitivos, 32, 35-7, 90
visão, 12, 16, 100-14; astúcia política e, 116;
dar um passo maior do que as pernas, 111-2;
definição, 100-1; de pessoal a compartilhada,
104-7; resolução estruturada de problemas
e, 92
visionarismo, 24, 80, 100-14; checklist, 114;
desenvolvimento, 103-4, 112-3, 137, 140;
importância do, 102-3; limitações do, 111-2;
microvisionarismo, 140; simplificação poderosa e, 100, 107-11; da visão pessoal à visão
compartilhada, 104-7; workshops de, 113
vocabulário, 136
volatilidade, 18-9, 20, 82; *ver também* CUVA
(complexidade, incerteza, volatilidade e
ambiguidade)
VUCA (volatilidade, incerteza, complexidade,
ambiguidade), 18; *ver também* CUVA (complexidade, incerteza, volatilidade e ambiguidade)

Wake Forest Baptist Health, 13
Wallace, David, 118-9, 130
Wallas, Graham, 93
Welch, Jack, 31, 46
Woods, Gene, 11-4, 18, 28, 37, 39, 65-6, 84-6,
90-1, 106
Wright, George, 76

xadrez, 29, 67-8, 72, 75, 139

Zenger Folkman, 14

164

ESTA OBRA FOI COMPOSTA PELA ABREU'S SYSTEM EM INES LIGHT
E IMPRESSA EM OFSETE PELA LIS GRÁFICA SOBRE PAPEL PÓLEN BOLD
DA SUZANO S.A. PARA A EDITORA SCHWARCZ EM JULHO DE 2024

A marca FSC® é a garantia de que a madeira utilizada na fabricação do papel deste livro provém de florestas que foram gerenciadas de maneira ambientalmente correta, socialmente justa e economicamente viável, além de outras fontes de origem controlada.